Commonwealth Publishing

天下文化
Commonwealth Publishing Co., Ltd. 出版公司

Commonwealth Publishing

The Accidental Asian

by Eric Liu

社會人文 ⑫⑥

封面設計／許和捷

偶然生為亞裔人

——一位ABC的成長心路

劉柏川 著

尹萍 譯

3775

The Accidental Asian

偶然生爲亞裔人

一位ABC的成長心路

目錄

序文

追求同化的動人歷程

劉兆玄

《偶然生爲亞裔人》一書的作者劉柏川是我的侄兒，他是我二哥劉兆華的兒子。柏川一九六八年出生於紐約，自耶魯大學畢業後，擔任美國重量級參議員伯恩（David Boren）的助理。同時，因撰寫一系列的時論文章成爲當時X世代的重要代言人。不久他受邀進入白宮，擔任柯林頓總統的演講撰稿人。一九九四年柯林頓總統著名的「盟軍諾曼第登陸五十週年紀念」講詞就是出於柏川之手筆，當時他才二十六歲。

兩年多前，柏川離開白宮到哈佛大學法學院進修，修完後本來要應聘到華盛頓州在華裔州長駱家輝的州政府任職，在就任前，柯林頓總統再次邀請柏川到白宮擔任「內政委員會」的副主委，同時也是總統的內政副顧問，可能是當前華裔人士中最接近白宮政策核心的人。

我的四個哥哥和一個弟弟都曾長期在美國工作，他們的子女當然都是「偶然生爲亞裔人」。但柏川與我其他幾位侄兒侄女都不一樣，他一心力求「同化」——不只在「族群」面，也在「階級」面的同化，他一步步要眞正打入美國的主流，表面上少年得志，已經進入決策核心，但是他一路走來的奮鬥過程及心路歷程，仍然充滿辛酸。透過優美而有力的文筆，他在本書中做了極坦誠、極有深度和震撼力的陳述。

本書共七章，全書行文時而感性，時而理性，看似七個不同性質的題材，而巧妙貫穿其間的，就是柏川追求同化的動人歷程。首章是「父親之歌」，記述兆華與柏川的父子之情及成長中點滴在心頭的往事，是全書最感人的嘔心之作，讀來一次又一次地勾起我對英年早逝的二哥的追思及懷念。即使在這一篇充滿感情的文字中，作者仍然在字裡行間處處觸及「同化」這個主題。其實柏川的經歷代表了他們父子兩代追求「同化」的努力，只是第一代的移民在赤手空拳的奮鬥中不暇計算得失，而柏川卻恨不得把自己生命的第一個四分之一當作他父親生命的第五個四分之一；失去的是父親身上豐厚的中國文化，得到的是充滿疑慮的認同。

生長在郊區的ＡＢＣ，講英語長大，床頭放著紀念父親的文集，卻只能對著冊中的舊照片猜中文文字寫些什麼。柏川在他父母刻意塑造的環境中，無種族意識地成長，天眞地以爲美國是「無膚色國度」；年紀稍長，小柏川開始以智慧、奮鬥及一份善良而超過他年齡的成熟，來應對周遭不可避免的種族差異；在耶魯大學時，他第一次爲「亞裔人意識」所震撼，開始嚴肅地進入這個新意識的內涵，然而當他深入了解後，他又體認到這種意識其實沒有必要。正因爲這一路走來的一波三折，使柏川筆下的「同化」過程顯得格外動人心弦。

儘管柏川努力追求同化，我們可以從文中看出，他對未能從父親處繼承到更多的文化遺產深感遺憾——雖然他不只一次強調同化融合以後就是新的文化遺產。其實某些中華文化的特質仍然在不知不覺間流入柏川的血液中。他和獨居在中國城的外婆間的親情寫得特別動人：當父母帶著幼年的柏川及小妹在唐人街突然和外婆不期而遇時，那一幕尷尬而傷感的情景，我讀來竟有些驚心動魄的悸動，柏川的文字造詣至此展露無疑。

書中深刻地討論了廣義的亞裔人、廣義的猶太人，當然接著討論廣義的美國人、廣義的白人。作者比較了「正宗白人」對猶太人的敵視和對華人「黃禍」

的恐懼；現實的美國社會中，不少猶太人固然仍力持保存猶太人意識，而實際上猶太人已從「少數民族」中畢業，完成了同化。亞裔人的優異表現宛如當年猶太人，未來的趨勢是否將透過同化而成爲廣義的白人？也許異族通婚的效應將加速此一過程。所以當一個偶然的亞裔男孩和一個已認同了的猶太女孩結縭時，柏川和凱若共同宣示了同化的血誓。

他們要的不是變爲白人，他們要的是眞正的融合。亞裔人也許不會變成白人，但下世紀的美國人也不再是白人。

（本文作者爲行政院副院長）

譯序

激流中的石頭

尹萍

在美國出生、長大的艾瑞克．劉，提醒大家注意：他不是「在美華人」，不是「海外華人」，而是「華裔美國人」、「亞裔美國人」，或簡單說，「美國人」。

這未免讓「祖國」人士失望了。祖國人士懷著浪漫的情感，總是把任何有成就的華裔親切地稱爲「中國人」、「旅美僑胞」等。他們的經歷擴充了我們的想像，他們的傑出增強了我們的民族自信心。我們坐在家裡，很樂意把全世界的華人都想成一個大家庭，自豪：「中國人會離開中國，但中國永遠不會離開中國人。」

艾瑞克．劉卻絕情地說，他生爲亞裔只是一個偶然。雖然他的父母都來自台灣，而他愛他們至深，但是他與中國的關係僅限於血緣與相貌。他沒有雙重

效忠的負擔，他只對美國獻出他全部的忠誠。

這樣煞風景的言論，在台灣的讀者爲什麼要聽呢？初閱此書時，我不只一次起疑。它是爲美國社會寫作的，中文讀者不會喜歡破壞那份親切與浪漫。

但是另一個事實是，台灣這些年來累積的移民、留學人數相當可觀。口耳相傳，沒有一個家庭沒有親戚在海外；報紙上也說，每年移出約兩萬人之眾。這些人大都是移往美加澳紐，子女不是在白人國家出生，也很可能在白人國家長大，身分認同與突破種族藩籬的問題必將是他們極大的困擾。而我輩，身爲父母、令他們陷入此一困境的移民第一代，不僅需要思考，也需要與子女共同檢驗體內的華人特質，及其在新環境裡的意義。

不說別人，我自己不就是此類父母之一嗎？我與兒女在飯桌上的討論，不是經常環繞著這一主題嗎？這大約正是出版社要我來翻譯本書的原因。

我拿到書，尚未細閱，十七歲的敦瑋卻一口氣讀完了。等到大半年後，我終於得空譯完本書，出版社要我寫一點感言。我想到，在文化衝擊的世紀大戰場上，我不過是在後面搖旗吶喊的啦啦隊、運輸糧草的後勤伕，兒女輩才是在前面衝鋒陷陣、廝殺流血的兵卒；我的意見，或許還不如敦瑋的意見來得眞

切。於是我轉問他的讀後感。他站起身，走到電腦前面敲下幾段話。茲譯如下，或許可以當成一張石蕊試紙看：

一位女同學一次向我透露，她其實只是第二代移民。她的父母是從波蘭移來的。

我覺得很有意思。在她心目中，她的父母是波蘭人，但她自己是紐西蘭人。她沒有什麼內在的掙扎，沒有像我所想像的，想要去追尋文化的根源。她完全、徹底地融入紐西蘭社會，不需要道義上的藉口，也沒有遺憾的感覺。

我不得不自問：爲什麼類似的同化過程沒有發生在華人身上？世界各地，華人移民都形成唐人街、中國城，說某種中國話，結交華人，甚至只跟華人在一起。在紐西蘭，華人被稱爲「永不同化的族群」。一個幾代以前移民來的華人，看起來仍然是個中國人：穿著同樣的衣服，有同樣的表情。有時候你懷疑他們是從圖片裡走下來的，或者一百年的時間在他們周遭停滯了。

爲什麼？是因爲我們太不相同，因此別的種族可以，但是我們永遠沒有辦法變得像典型的美國人、加拿大人或紐西蘭人？是因爲我們的「華人認同」太

強，沒有人能脫離這心態？是因爲我們寧願做中國人，不想同化？

試以猶太人爲借鏡。自從遭巴比倫人放逐以來，猶太人散居歐洲、中東與北非各地，大都聚居成猶太街區，與自己同胞緊密相連，如此過了一千多年。可是不久以前，他們開始走出猶太街區，變成了佛洛依德、愛因斯坦以及阿布萊特。艾瑞克・劉在他的書裡敏銳地比較猶太人與華人的異同。無疑，散居世界的華人與猶太人一樣，是很特異的一個族群。無疑，華人與猶太人一樣，在世界各地表現突出。但是，我們會依循猶太人的足跡，融入盎格魯撒克遜白人新教徒的主流社會嗎？除了實質上的困難外，更重要的問題也許是：我們應該嗎？

住在西方社會的華人，應該設法融入主流嗎？大部分人沒有這麼做。但這是自覺的抉擇，還是恐懼未知、恐懼差異的結果？我認爲後者比較可能，而且這恐懼是很可以了解、很符合人性的。但是如果你問我，我主張融入。只要我們不忽略自己的文化遺產，只要我們不忘記我們是怎麼來到這裡的，我主張我們進入主流。我的想法是，我寧可對「人」有信心，而不僅是對「華人」有信心。就像王爾德(Oscar Wilde)說的：「愛國主義是邪惡的美德(Patriotism is a

virtue of the vicious)。」個人的人格當然應該可以超越種族和國籍這類人類自畫的疆界。人不應該受限於傳統。

當然，這樣的一條道路有它的荊棘與崎嶇，有十字路口的徬徨，也有情義上的兩難，不經深刻內省、自我檢驗，是走不通的。艾瑞克·劉在本書中多方剖析。

這本書雖然對於像我這樣的移民者特別有意義，卻並不只是給移民者或他們的親戚朋友看的。書中有些討論，是生活在現代國際化社會中的人都會關切的話題。作者不一定給了答案，不過，他促使我們思索。隨便舉個例子：誰沒有吃過麥當勞？即使未出國門，有多少人能說自己沒有丟失傳統？傳統究竟是什麼？

敦瑋也許言之過激。華人移民並非沒有改變，也不是停留在一百年前的中國，只是他們改變的幅度不如其他族群大，因此顯得突兀。至於新來的華人移民：台灣人、香港人，雖然也傾向於聚集、保持本貌，但是改變仍在悄悄進行。尤其是青少年，不消幾年，從想法到外表都翻了新。你到桃園中正機場

去，很容易辨認出哪些青少年是剛從西方世界回來，哪些是正要出去的。願或不願、有意識或無意識，衝突與融合的仗，人人都在打，我也不例外。身在異國，如本書中所形容，我們像激流中的石頭，受到來自各方力量的沖刷。

如果是你，你會怎樣改變？你怎樣看待家人和自己的改變？傑出的華裔美國人，二十九歲的艾瑞克·劉，告訴你他的故事。

1

父親之歌

有時候我想，父親的一生也是如此難描難繪。

一方面，父親和我的家人都可以歸納爲「華裔美國人」大故事裡的一部分；

但另一方面，很容易看出這大故事模糊如謎。

翻閱紀念集，呆視意義不明的文字，

我醒悟到我對爸爸來美以前的日子、

我出生以前的日子幾乎毫無所知。

我體會到明瞭別人的人生多難、身分的傳承有多曖昧不清。

我開始看出我並不了解自己。

1

在我的床邊，有一本小小的平裝本書，現在恐怕積了點灰塵了。出版四、五年以來，我一直把它放在那裡，變成我的公寓裡視而不見的一樣東西。書上壓著一本小冊子：《詩篇第二十三之心靈治療》（*The Healing Of Mind and Soul in the Twenty-third Psalm*），是世交萬牧師送給我的。書下面則是一本「新國際版」聖經讀本，也是萬牧師送的，再來是一本杜佛版《詩篇》。

我並不是宗教信仰很虔誠的人；更恰當地說，我沒有被教養成篤信宗教的人。我從不屬於哪個教會，從未熟讀聖經章句。但這麼多年下來，我多次認眞閱讀這小冊子、聖經及那些詩篇，在其諷喻與象徵中找到一些天恩也許不足，卻高於慰藉的東西。

所以，我會在這堆慰藉書籍之中放進這本平裝本書，也就不足爲奇了。這書不同於我的其他書，封面以父親的毛筆手稿爲淡色背景，襯著他的彩色照片。照片大約是一九六〇年代拍的，父親的頭向左偏，略咧嘴欣然笑著。雖然戴著寬邊眼鏡，他的眼睛卻似乎清楚看到什麼。好像他就要開口說話，說些深

思的話，或玩笑話。一綹黑髮，濕草似地落下來，懸在額際。他的皮膚仍然光滑豐滿，說明拍照片前幾年他還相當年輕。但他的神情——知情解意、仁厚、自覺的神情——告訴我他已經是我熟知的「爸爸」。我把這本書放在床邊，爲的就是這張照片。有它在，父親便在我身邊，看著我睡覺。

這書是父親於一九九一年去世時，他的幾位童年舊交編纂而成的。據我所知，中國人並不經常爲逝去的好友出版紀念集。我相信這只是顯現他們的誠摯友誼。這書一方面是追悼文集，收有報紙上的一篇訃聞、我的頌詞、母親的悼文；但全書一百九十八頁，絕大部分是藉眾人之筆，重建一群男孩在戰後台灣的青春記憶。

書中有幾篇文章是父親與他的兄弟、朋友寫他們的高中生活，寫某位特別受到敬愛的老師，寫露營、釣魚，寫大人都不在時的胡作非爲。也有照片，其中好幾張，爸和他的朋友穿著學校制服，侉侉的像軍服式樣。有一張我記得很清楚：八、九個人說說笑笑，沿著一條泥巴路走來，父親在這群快樂小夥子的最末，一頂卡其帽顯得太大，手臂快活地揚起，一腳正舉步到一半，嘴裡唱著歌。臉是父親的臉，但那姿勢如此無憂無慮，我簡直認不出。剛拿到這本書

時，我注視照片良久。

由於這些照片，我經常拿起這書來看，想找出以前未察覺的意義。固然因爲照片拍得好，柔和的黑白影像純眞而不造作；但坦白說，也由於我看不懂書裡的文字。書裡所有的文字幾乎都是中文的，我以前中文讀寫都還可以，但久久不用，已經荒疏了。當然我知道中文是由上到下、由右至左，翻頁的方向也與英文書剛好相反，內容卻是大字不識幾個，看了徒增煩惱羞愧。我知道書的內容，只因母親告訴過我，而且還說了好幾次，我才記得。

有一、兩次，我拿出袖珍漢英字典，下定決心至少要讀懂父親寫的文章。非常痛苦，從來沒有太多進展。每個中文字，我都得判斷其部首，計算其筆畫，查部首表、比對字形，辨別羅馬拼音，再細究其意義。等我查出一個字，已經忘記上一個字的意思了。字義已很難判定，內容就更無從捉摸。

有時候我想，父親的一生也是如此難描難繪。一方面，父親和我的家人都可以歸納爲「華裔美國人」大故事裡的一部分；但另一方面，很容易看出這大故事模糊如謎。翻閱紀念集，呆視意義不明的文字，我醒悟到我對爸爸來美以前的日子、我出生以前的日子幾乎毫無所知。我體會到明瞭別人的人生多難、

身分的傳承有多曖昧不清。我開始看出我並不了解自己。

劉兆華一九五五年來美國時，才十八歲，是個中國人。三十六年後他去世時，我敢說他已不盡然是個中國人。至於他的兒子，恐怕只有華人之名而無其實。但是說到底，這些有什麼意義？華人不華人，是怎麼判定？依其使用的語言文字？依其行爲方式？依其所知所學？華人的特質，又是怎麼代代傳承？部分的答案，我知道，藏在這本我看不懂的書裡。另一部分的答案，我猜是在我必須動手寫的書裡。

2

如果我能以繪畫方式呈現心目中父親年輕時的模樣，一定是一幅後印象派的畫，像塞尙晚期的作品，而不像寫實派那樣精密嚴謹。也許更像一幅未完成的塞尙作品：一塊一塊的色彩，不明顯的形狀，然後突兀地夾雜大片留白的帆布。父親來美以前的生活我僅從他寫的信裡、母親的二手回憶裡，以及家庭傳說裡，略知一二。雖並不零星，卻也絕不完整。比較像景物，象徵意義的影像，大致可以按時間先後排列，但不足以述說故事。

我所知父親的根柢如下：他是六兄弟中的老二，一九三六年出生於南京。他的父親是飛行員，後來當了將軍，名字叫劉國運。共軍逼近時，他隨家人趁夜逃到台灣。小時候他在家屋頂上置籠養鴿，過了些時候把牠們全放走了。幼時他長期臥病，趁機熟讀中國文學經典。當時所服的藥，多年以後發現對他的腎造成損害。十二或十三歲時，他父親的司機教他開吉普車，廚子教他怎麼包餃子。他在學校功課很好，調皮搗蛋但是好學生帶頭玩鬧式的小惡作劇。高中畢業後他離家、出國。

我猜大多數移民第二代都忘記問父母，他們爲何移民。但別人是否也像我，對於父母所提到的少量往事只聽不問？還是我自己太無好奇心？舉例說，我一直到申請大學時，要塡寫「父親出生地」，才知道父親是在南京出生。他身爲將軍之子，我不知他是否覺得理應從軍。我不知道他爲何放那些鴿子走。他告訴母親他受孔孟影響，但我不知道是怎樣的影響。我不知道他是否怪怨當年吃的那些劣藥，不知道他學會開車之後是否就開起車來。

我不知道當他束裝横渡太平洋時，懷抱著怎樣的雄心壯志；當他在美國煮第一餐時，有沒有想家。

我所知道的，爸爸在大陸與台灣的年月，像一盒紀念品，雖是紀念品，卻不屬於我。它勾起一種氣氛、彰顯某種意義，但篩揀其間，我不能確定它們述說的故事是否只出於我一廂情願的想像。如果我是小說家，可以把這些景象百般編排，以戰時中國爲背景，告訴你一個象徵性的故事，當成爸爸的童年。現在我雖只是寫散文，也可以賦予這些景象一些意義，把我自己的思緒混雜在父親的故事裡。這是海森堡記憶法則(Heisenberg principle of remembrance)：檢視記憶，會改變記憶的意義。

我們不知不覺間會把別人的過去照自己的意思打造，這一點在個人的層次上很容易理解——尤其當這個人是爲人子者，感情用事地追慕他的父親時。至於集體的層次則不那麼明顯。國家、種族、散居的猶太人，都是擁有集體記憶的團體，團體愈大，記憶的動機愈封閉。自認是一個「民族」的人，會把歷史情節熔鑄成傳說，變成美的記憶，像霧似地蒸發進種族的知覺裡去。過了一段時間以後，重要的便不是共同的經驗，而是共同的記憶。

想想「海外華人」這個神話似的說法。理念很簡單：有一個國家叫中國，裡面住的是中國人；再來是世界其他地方，多多少少也都住有中國人。這裡的

民族優越感很清楚，毫不掩飾地自豪：「中國人會離開中國，但中國永遠不會離開中國人。」

究竟是什麼，凝聚海外幾百萬華人的心？是他們的華人本質。華人本質又是什麼？就是凝聚所有華人的東西。多少會議、多少學者專著，都討論這個問題，結論大致相同。姑且承認有這麼一個東西，以豐富的文化與歷史方式存在著，政治學者杭廷頓(Samuel Huntington)會稱之爲「核心中國文明」。這文明卻不是華裔之人骨子裡本來就有的；它需要傳承，否則便斷失。而海外華人會不會傳承到這文明，終究要看他們的意願，而非家系血統。華人本質並不是一種神祕的、更正統的生活方式，而只是行止要不要像中國人的一個決定。

這話當然會引起更多問題。我的父親在他生命的前十八年雖然是徹頭徹尾的中國人，並且至死言行舉止都像個中國人，卻沒有什麼價値觀或行爲可以孤立出來判定其爲「中國式的」。對，他的家族觀念濃厚，他重視教育，他尊敬長上；他律己甚嚴而致力學問；他個性溫和而不叛逆；他欣賞中國繪畫，醉心中國詩詞；他愛讀、愛寫中文，愛吃中國菜。

這也許聽起來像是歸納式推理，把「舉止像華人」這籠統概念反過來推

論，而認定某個人是華人。這樣倒推式的論辯法有一個問題，像是透過有色眼鏡，看出去的景物變成無色，把「個性溫和」這一特質說成是華人特有。另一點是，凡與結論不符的證據，都被過濾掉了：畢竟父親的特質還有很多，並不符合一般人對「華人特質」的固定看法。如果把他放在褪色的中國背景上，則我對那樣的他認識不深，難以辨明。但放在他所處的另一個社會裡時，他的特質便清晰多了：這就是美國社會。

3

又是一張照片，攝於一九六二年四月。黑白照，焦點略有些不清，地點是一間寒傖的公寓。牆上沒有畫，連月曆都沒有。窗簾很薄，透明的膜似地遮不住光。照片中央是父親，坐在堆滿書報的桌前一張硬木椅上，微微後仰，左腿架在右腿上，在讀一本攤開在膝上的書。他穿一件運動衫，上面印著「伊利諾」字樣，並有星條旗徽。右手心不在焉地舉菸斗向嘴。

我第一次看到這張照片時，聯想起我看過的一張一八九〇年代耶魯大學學生坐在他屋子裡拍的一張銀版照片。當然，兩者的背景大不相同。耶魯大學的

那間房，有深色木板鑲嵌，俱樂部式的皮椅子，牆上掛著大學生的裝備，是富家子弟的派頭。父親的房間則空空盪盪。景物雖如此不同，兩張照片的主角卻有同樣的矜持態度。好像在說：「我們是嚴肅的年輕人，我們在爲未來作準備。」

也許只是那菸斗或大學運動衫給人這樣的感覺，也許是他的姿勢。可是我還是覺得照片裡的父親看起來——怎麼樣？不太像華人。拍這張照片時，他已經在美國待了七年多，打過各種零工攢一點錢。其中我最感有趣的是在南達科塔州一條高速公路上畫中間線。這時候，他已迷上棒球和拳擊，是漢克．威廉斯(Hank Williams)與穆罕默德．阿里(Muhammad Ali)的忠實觀眾。他已自伊利諾大學取得哲學學士學位——西方哲學，並對卡繆與存在主義極有興趣。他已念完數學碩士學位，已經在追求我媽。他們是在一次台灣同學會的郊遊活動中認識的，已追求三年。一年以後他們結婚。

他們的婚禮，據母親告訴我，相當正確地反映他們當時的處境：不在主流之中，但很高興有彼此作伴，兩人在自己的世界裡自得其樂，別的都不在乎。婚禮在教堂舉行，因爲在美國，結婚就是在教堂。除了牧師與少數幾個別人以

外，觀禮者全是華人。但沒有採用傳統中國式禮儀，不拜祖先、不焚香。兩人以英語盟誓，新娘穿白紗，新郎穿租來的黑色燕尾服。茶會在教堂地下室，蜜月在密西根州鄉下。時間是十一月底。

我不知道別人怎麼看待這對新人。在密西根州的鄉下人看來，這對細瘦的黑髮男女可能像交換學生或觀光客，總之是外國人。可是在我看來，他倆美國化得令人傷心。這是充滿希望的階段，他們依著新國家的韻律建構生活，我很容易理解這時的他們——比他們的中國階段或台灣階段易解得多。不說別的，自此時起有比較多的照片和注解，幫助我加深印象。人名與地名也都是我熟悉的，像安娜堡、密爾布魯克、班奈特學院等。但不只這樣，這裡有我熟悉的進展氣息——穩定上攀的感覺，愈攀愈高；遺忘的感覺，愈忘愈多。

在典型的移民故事裡，第一代總是念念不忘祖國，第二代卻棄之如敝屣。作者會告訴我們，這是同化的悲劇：移民父親還想像著自己是在流亡，美國兒子卻竭力證明自己有歸屬感。我承認這敘事法有聳人聽聞的效果，但不幸有揑造之疑。爲了增加敘事的張力，作家們故意不提做父親的其實也已改變。我們把第一代的人生當成蛹，是祖國幼蟲階段與全美國化的第二代之間的過渡。其

實，做父親的自己也可以變成蝴蝶的。

以爸爸來說，以上比喻恰可形容他的語言能力。十幾歲在台灣時，他就是班上英文最好的，來到美國以後，像個熱心的收藏家似地，很快學會術語、俚俗語。取得碩士學位後，他進入IBM工作，以後一直待了二十七年，那裡是他學美國土話的好地方，也不斷考驗他的俚語字彙。舉例說，他老喜歡提醒我們一個合成字——SNAFU，意思是：正常狀況：一團糟(**Situation Normal: All Fucked Up**)。

我在成長過程中強烈感覺爸爸不同於別的華人移民，原因之一我想就是他的英語能力比別人都好。其他的華人移民講英語如講華語，他她不分，動詞變化不管，單數複數也不明。我父親的英語比他們高好幾級；更重要的是他講英語有風格，顯得極有把握。

他有腔，但我既形容不出，亦無法模仿那種腔。有一次一個朋友說我父親的英語帶有中國味，我還很驚訝；就像我幼小時在鏡子裡看到我和朋友們的臉，很驚訝地發現我比他們矮那麼多。我根本聽不出他有腔。

我只聽出他很擅長美式俗語，很能欣賞挖苦話與鄉村幽默。我聽出他會把

信耳聽來的詞彙與高采烈地運用出去。「笑死人！」("What a joke!")是聽我的朋友喬治說的；「我可是說真的！」("I mean business!")是電視上汽車修理廣告的用語。他看了電視上轉播國會伊朗－尼加拉瓜軍售案的聽證會後，我打電話回家，跟他講過話，他要喊媽媽來聽時，他說：「現在我讓位給老英國路選出的女議員（譯按：作者當時家住老英國路Old English Way）。」我還聽到，當一個修理工人要敲他竹槓時，他氣憤地以流利英語與那人爭論。

他的英文寫作也好得出奇。我念高中時，爸爸會糾正我英文作業裡文義及邏輯不夠清楚的地方。我妹妹安綴雅(Andrea Liu)念高中時擔任校刊主編，爸爸寫不具名短論，替她補白。他會寫三百字有關死刑或學生不關心社會之類切身的話題，誠懇而有一點傻氣。

爸爸寫給我的幾封信也帶有同樣的風味。這些信很輕鬆，時有一點文法小誤，就像他在家與我談話一樣，迥然不同於他在工作中所寫的公文那樣正式而精確。有一封信是我大學剛畢業，搬到華盛頓以後他寫的，讀之如聞其音。我想像他坐在廚房桌前，也許手裡握著菸斗，寫信給我：

親愛的艾瑞克：

附上最近別人寄給你的信件。你恐怕要向耶魯校友雜誌及哥倫比亞學舍光碟俱樂部更改地址才好，否則等我們把雜誌轉寄給你，你看到的就已經是歷史了（我們轉信很慢）。今天時鐘撥慢一小時，現在是清晨一點，但其實還是十二點。媽媽和我都很高興多出一小時來處理郵件。今晚其他時間我們都在看中文報紙——這是劉家最花時間的一件事！我們可能得再度停訂《世界日報》，好給自己一點喘息的時間。你說呢？

這兩天忽然入冬。昨天我在城區工作，從中央大車站走到麥迪遜大道五九〇號（二十分鐘步程），覺得很冷。氣象局發出結冰警告。笑死人。我們後院的樹，一半的葉子還是綠的，掛在樹上呢。恐怕它們就要凍結在樹上終此一生了。這倒也不壞。想想看，我不用掃落葉！

家裡一切都好。媽和我吃比較多中式辣菜，因爲我們現在不用操心怕辣的劉家一員。我剛開始在城區的新職務，媽力主我穿體面些。今天我們到店裡去買了一雙黑皮鞋（和你那雙一樣），還買了一只手提箱。手提箱看起來很高級。我可是說眞的！

我們和朋友的遠足計畫連續推遲兩個週末。現在似已入冬，今年可能去不成了。上週日天氣眞好，媽和我從老英國路走到山下的村子裡，算是我們自己的遠足了。

你都好吧？小心冷天來得快。早晨去地下鐵車站時要多穿些。要不然，就多增加些脂肪禦寒。

就寫到此。保重。媽問好。

愛你的，爸爸

一九九〇年十月二十八日

4

母親說，爸爸的中文一級棒，不比任何儒生差。這我倒不意外。想想他在語文上的天分，少年時又讀了那麼多中國文學經典。我雖是外行，看他迅捷優美的書法也看得出他運用這文字多麼自如。我可想像爸爸很以他這方面的才能自傲。因此不免奇怪，他爲何從不堅持我要能讀中文經典——唉，就是會看中文菜單也是好的。

這些年來，我的中文知識如潮水般退去；不過在最高潮時，也只得一個「淺」字。在家裡，爸媽彼此完全以中文交談，但對我說話時是三分之二的中文夾雜三分之一的英語，我的回答則幾乎全是英語。從二年級到七年級，我每週日下午去上中文課。但課程只到七年級，此後我全未複習。上大學以後，我花了兩年工夫密集學中文，重溫小時所學。但畢業後又荒廢了。

在中文低潮的階段，父親從未逼我學好。有一次他寄了一封中文信給我，我以爲必是一篇嚴肅教誨，要我保存傳統文化什麼的。結果只是一套中文笑話。這，大約就是他對我失去華人特質的態度：故作不在乎狀。當奶奶從台灣打電話來，我只能用破碎的國語勉強說幾句玩笑話，爸爸就覺得有義務爲我可悲的表現半認眞地道歉。但掛斷以後，他從來沒對我提起一個字。

我但願他逼過我。今天我完全稱不上具備雙語能力。中國字看不懂，中國話頂多算懂一半，聽還好，說不行。不錯，有些對外人最難的地方，例如分辨四聲及發某些音，在我都很容易，因爲我聽這種語言聽了一輩子。我也因此對中文句法結構有直覺的辨認能力。我所欠缺的，唉，就是字彙。我了解以中文思考時，是以一種獨特、無以言宣的方式體察世界。我知道中文正可彌補英文

的空隙，但我對這些的理解和表達都停留在孩童程度，因爲我的中文能力正如一個孩童。

比較父親的英文能力與我的中文，我覺得自己眞傻：好像我浪費了整筆遺產，只剩下幾文銅板時，才明白這遺產有多豐盛。不過我也明白，是因爲父親的英文好，我才可能喪失中文。可以說，我只不過是完成了他的同化。在內心深處，他可能希望我懂得他的第一語言，但他超越一切的心願是，我在美國生活暢通無阻。只要我似乎沒有吃虧，我懂一點中文就算額外之喜。

我了解這態度，雖然如今我遺憾其後果。我也明白我能表示這分遺憾，本身就是一大奢侈。當年父親來到這國家時，其艱難險阻遠非我能想像，但他只能置之不理，沒有時間自怨自傷，沒有必要細究得失。而現在我卻在細究這些帳目。我發現我太喜歡把帳期延伸：把我生命的第一個四分之一算成父親生命附加的第五個四分之一。

爸爸不會期望，甚至也不願要這額外的階段。他的一生如果有一個主要原則，那就是他不想因爲自己與眾不同，而受到差別待遇——比別人好或壞都不要。有了這原則，加上抱持原則的自尊，他的同化便是選擇性的。他不願自己

格格不入，像一根方木頭插進圓洞。但有時他發現，他像一根筷子，有方的一頭，也有圓的一端；不需要降低人格，他總可以適應。

關於他的名字就是個例子。他不像很多華人移民，給自己取個洋名兒，「查理」什麼的。他想出的折衷辦法是把「兆華」兩字簡化爲「chao」，並且照白人唸法，把他的姓唸做「Loo」而不是劉。因此，在白人世界裡，他的名字唸起來是「chao loo」。我猜這在很多人（包括他自己的母親）聽起來還是洋里洋氣的，但他理直氣壯地，彷彿此名與「恰克・路易」一樣，美國化得很，而結果別人也接受了。

他怎麼看待自己？父親在公開場合有好幾種角色，所謂公開場合，我指的是周圍都是白人的時候。其中一個角色是聰明的經理。他當上ＩＢＭ的中層主管以後，更能適應微妙的公司生活——知面知心、勾心鬥角，他合而不流。他熟知人情世故，因此能成爲ＩＢＭ波吉普賽(Poughkeepsie)分公司的少數華裔高層人員之一；也因此在那裡的最後幾年，他意識到自己的事業已步入高原期。晚餐時，他和媽常花很長時間議論公司的最新運作，小道消息與官方說法並列。安綴雅和我坐在那裡，覺得大人的談話眞無聊。爸爸會突然在中文裡冒

出一句英文，對著我們說：「功課好的人到頭來是替功課不好的人打工。」然後又回到中文。

他的另一個角色，也許與他的正職不無關聯，是處於弱勢但據理力爭的人。爸爸並不好爭好辯，他的脾氣很好；但在日常生活中與人交往，例如與機械師、老師、推銷員、醫生、修理工人等，爸爸絕不讓他們占便宜。他不怕跟人要正式文書、條列細目、清楚的解釋；他保護家庭利益絕不遲疑。有時候他的不講情面讓我覺得尷尬，但也有的時候，我承認我高興他這麼做。

我記得每次他和媽主辦鄰里聚會時，我都肅然起敬。他在這種場合發光發熱，開朗外向地周旋於賓客之間，精力無窮地開玩笑，讓客人開心卻沒有受冒犯之感。似乎每隔幾分鐘就會聽到他高亢的笑聲貫穿全屋，接著，像波浪般，吉姆、葛爾、傑克等在他周圍的大個子白男人爆出更大聲的同聲大笑。他們在講什麼？運動？鄰里流言？黃色笑話？我不知道；我只知道看他出擊眞讓人興奮。

不錯，父親在全是華人的聚會中也一樣精力充沛、談笑風生，這是他的個性。但我從未見到別個他那一代的華裔移民與白人在一起時像他那樣活躍。在

不相同。

「洋人」面前，大部分我父母的華人朋友，不管天性喜不喜社交，都變得比較拘謹。他們一改說英文，戒心便起。爸爸那樣善說善笑、自信滿滿，與他們很不相同。

當然，在私底下他不太一樣，有些地方他自己的兒子也不了解。他還是那麼親切，那麼幽默，但加添上敏銳，以這樣的敏銳，他給我深思熟慮之後的建議。他又很溫和，以這樣溫和的態度，他在我睡著後進我房間來，給我關窗，親吻我的耳際。他有一種輕快的精神，一個夏日傍晚，媽媽在門廊上叫他：「快來看月亮！」他便以這樣輕快的神氣丟下手上的活兒。他倆坐在那裡，說說笑笑，妹妹和我則騎著腳踏車過去。他很優雅，看他和媽在廚房地板上翩然起舞便知；他又無所不知，因此在家裡贏得「活百科」的稱號。他有野心但無耐心：他本已開始念博士學位，但沒念完。我父親還有一種內心的騷動，只在他偶然打瞌睡時透露出來。一種沉思的心情，會在週日下午引他進書房，坐在窗口揉眼睛，抽一根菸。他有一種悲傷，我現在懂了，是深沉寂靜的暗流，存在之悲傷。

大約在他死後一年，我試穿爸爸的一件非正式西服外套，是褐色箭尾形的

剪裁。我穿著不大合身，我早知會如此，但還是覺得失望。脫下時，發現內口袋裡有兩張摺疊的紙，讓我忽然清晰想起父親的內在生活。一張紙上他獨特的字跡潦草地寫著他常聽的一首歌詞：「我寂寞得想哭。」(I'm so lonesome I could cry.)是漢克・威廉斯哀傷的民謠。另一張紙上是他的隨筆紀錄，細小的中文寫的隨感。我在想：這些中文說些什麼？他爲什麼把這歌詞帶在身上？爲何他至死把這紙貼身藏著？

5

一九七七年夏天，爸爸口中的「劉家」到紐澤西州大洋市(Ocean City)去玩了一星期。事先媽爲旅行作研究、籌畫了幾個月。我們租了一座樸素的「鄉舍」，是車庫改裝的小屋，附有廚房，離海邊木板步道僅幾條街之隔。白天我們在海灘上玩，晚上回小屋吃飯。母親爲省錢，準備了一保冷箱的水果和中國食品。我們邊吃邊談，逛來逛去，然後安綴雅和我便會抱著填充玩具倒在折疊床上睡著了。一天清早，我們醒來時聽到一種奇異、平板的呼喚，是一個男人在步道上邊走邊喊，遠遠聽來，我父母覺得是「甜——心」，我們小孩則覺得

是「甜——餅」。

這趟旅行在我心目中是純潔無憂的年代。這是我們第一次全家度假，第一次開六小時車，我第一次碰到、嗅到海。母親對此行的記憶則有甜有苦，因爲正要出發前幾星期，父親得知他生了病，是足以致命的病，必須立刻開始治療。他和媽決定照原定計畫去度假，可是當妹妹和我在那些漫長的夏日午後，吃棉花糖、撿貝殼的時候，他倆知道自九月起，生活將永遠改變了。

旅行之前一年多，爸爸便開始有頭抽痛及暈眩的毛病，他以爲是工作緊張之故。後來愈來愈嚴重，他便在中午時回家來，好躺上一個鐘頭。終於他去看醫生，得到驚人的消息：他的症狀起因是腎衰竭，是末期腎病。醫生猜想他幼年時在中國所服的藥物傷害了他的腎，但不能確定。現在病情已惡化到不能挽救。他的身體已不能清理自己，他的血液因自身的污染而窒息。

我現在不能確定我到底是什麼時候得知父親生病的。記得那年秋天某個時候起，爸爸定期到一小時車程外，西徹斯特郡的醫院去洗腎。他和媽一定向我解釋過是怎麼回事，因爲我記得在一個陰天陪他們一起去醫院，看那蹲在地上的人工洗腎機，上面的指針和轉盤分布恰像一張臉的模樣。我剛看過電影「星

際大戰」，便給那機器取名叫R2D2。醫生大笑，我父母微笑。

但我不記得父親聽到診斷時的反應如何。是絕望、堅忍還是拒不接受？我不記得父親要我們爲他的病守密，我只記得我們像發了神聖的緘默誓言。我們遵守誓言，每個人都祕而不宣，直到他死。我不記得父親是什麼時候決定改在家裡洗腎的（我們把洗腎機藏在櫃子裡）。我不記得母親是否覺得這樣做太冒險、責任太大。我只看到她第一次幫他在家使用機器時，她多麼緊張。那天我有沒有嚇到？我不記得。

我想父親會寧可我不記得這些事。他不想讓妹妹和我看到他生病的痛苦——不是肉體的痛苦，而是心靈的痛苦。肉體的痛苦他有時會顯示，心靈的痛苦他只讓媽媽知道。如今想來，他這麼做是爲我們也是爲他自己。他很自負，不願讓人看出他的無力；他重視隱私，不願透露他的病痛。他不肯讓疾病打斷他前進的步伐；可驚的是，他眞的沒有被打斷。他照樣過日常生活，去上班、剪草修屋、丟球接球、教我們做功課、上市場買東西，好像什麼事也沒有。

爸爸不想因病受到特別待遇。他擔心同事、上司、朋友和鄰居會憐憫他，因此把生病的事瞞得滴水不漏。我們不准跟任何人說。父親去西徹斯特的醫院

而不去附近的醫院，正爲了這緣故：這樣本地人便不會知道。我們給那機器取了代號也是爲這緣故：免得我們不小心說溜了嘴。

雖不合理，我們卻全盤接受。反正爸爸怎麼說我們就怎麼做。我們並不覺得他是在控制甚至利用我們，我也從未想到問他：別人發現了會怎樣？別人難道不會了解？爲什麼你覺得你在這世界的地位如此薄弱？不，我沒有問，守密才是我們家庭生活的經緯。我們漸漸擅長爲父母老是沒空、家裡總是不能讓人來找藉口。我們學會隨時編出天衣無縫的解釋。偶然我們的朋友觀察入微，我們只好百般撒謊。不過，過了一陣子，一切都不那麼顯著了：病、環繞著病的無言，以及環繞著無言的無言。

每個家庭自有其文化，我們家的文化，在很多方面具備典型華裔美國人的特色：炒菜吃、傳統創新、不足爲外人道的雙語玩笑。但我們的家庭文化也包括：洗腎機的規律震動與嗡嗡聲。每週三個晚上，每次五個小時，它把父親的血抽進過濾器裡洗一遍。一年四次，我們過河去領取一箱箱人工腎臟設備、沙林溶液、Betadine、針管、紗布塊、膠布等補給品，帶回來，放到地下室，把十幾個空箱子壓扁。爸爸總穿長袖衣服，夏天也一樣，好遮住左手臂上的粗細

針孔。我們習慣經常提防忽然聽到機器發出嘎嘎警號，表示爸爸血中的某種物質耗光了。當爸爸幾次因肺炎住進醫院時，母親要求我們禱告，但我不知如何禱告，只好把膚淺的基督教禱詞塞進多層複雜的迷信，祈求遏止更多的災難。

一般人總以爲華人很團結、多疑、心緒不寧而又太重面子。以我們對父親處境的反應看來，我們一家也許正是如此。我們孤僻守密，有時根本沒必要。無名之憂像鬼包圍我們。我們費心製造出一堵牆，牆後的世界往往是哀愁與悲觀。不過，也有快樂——開懷的、溫暖的快樂。在我們封閉自守的領域裡，我們會忘記大難，忘記人生不免一死，忘記生命是何等脆弱不堪。我們既未記錄過去，也未籌備未來，反而活在當下的莫名快樂中。這是典型的華人作風嗎？還是典型的美國人作風？

有一陣子，我以爲父親這麼做是基於種族的烙印。我推測他這麼祕而不宣，根本不是什麼「華人作風」，而是先發制人的反擊排華心理，是想要融入、隱藏歧異、避免遭到不公平對待。但母親不以爲然。爸爸沒有受迫害情結，她說。他這麼做不是怕遭到種族歧視，因爲，他在華人朋友面前也一樣瞞得緊緊。唯一的原因是他太自負，不願讓人知道他生病。

由於媽媽堅持此說，我於是體會到，是我，而不是父親，把隱藏疾病的願望與淡化任何異質的願望混淆不清。與種族烙印的羞恥與陰影抗爭的是我，不是父親。我跟著家人打這啞謎，自有我的一套理由：在美國社會裡當華人男孩，我希望投射出「正常」的影像，遮蔽任何眞實或想像的殘缺。在美國社會裡當華人男孩，我已習慣於擺出門面。

但願我知道爸爸是怎麼想的。很多事我學自父親：要堅定、要仁善、要以魅力消除別人的戒心。還有：打扮要齊整、家醜不外揚、凡事靠自己。我學會活在當下，也許學得太好，結果許多傳承今天顯得粗淺斷裂。父親瞧不起多愁善感，我卻總是懷舊又易感；父親懂得大夢難圓之時如何保有自尊，我卻堆砌夢想不知醒悟；父親好像有取之不盡的內心力量，又有自知之明，我卻如一口空井，僅能傳出回音。

有時我覺得這差距出在華人特質上。我的華人特質在哪裡？在我的長相裡，當然。在我的文化裡？只有退化的痕跡可尋。也在我的行爲裡嗎？自父親過世以來，常有人告訴我，我是典型的儒家子弟，孝順母親堪爲典範。如果這是眞的，是因爲華人的價値觀滲透到我身上嗎？還是因爲我是長子，寡母的獨

子，而我深愛母親，與她成爲最親近的朋友？我覺得很難分辨倫理造就的行爲與處境促成的行爲。後來我覺得其實也沒有分辨的必要。我攬鏡自照，想在自己的單眼皮後面尋出華人特質的證據，卻愈來愈覺得必須從外在的視野中尋求眞相。

什麼是華人特質？是任何、是一切，但終究什麼也不是。到頭來，華人特質不能解釋父親如何有這樣的勇氣，洗腎達十四年之久，遠超過醫生所給的可能年限。華人特質不能解釋他驟然意外過世，帶給我們的恐怖和無以自拔的空虛；也不能解釋母親在他過世後，下定決心面對自己，「體驗人生」，而不存任何幻想。華人特質不能幫助劉氏一家減輕失去親人後揮之不去的痛感，也不能解釋爲何雖懷此巨痛，我一想到爸爸還是會咯咯大笑。父親死了，他是不是華人沒有關係，他像一個不活動的容器，承載的是共同經驗的記憶。父親死了，你才體會到：記憶如液體，身體如盛液體的杯，是記憶塡充我們生命的內容，透露我們的人性。

在那個週末父親過世之前，我最後一次見到他，是在一起回家的路上。那天是陣亡將士紀念日前一天的星期五。他到紐約市出差，我從華盛頓上來，我

們決定在曼哈頓見面，一起搭通勤火車回波吉普賽。那天刮風，我們約在他辦公室附近的一家新中國麵館碰面。爸爸顯然很以這家中國館子爲榮：乾淨、新穎、生意好、有效率，供應價廉物美的大碗熱騰騰辣湯麵。我們的談話很熱鬧，我記得，在這家館子裡，我比較自在地表現出華人的一面。我與父親隔一張小桌坐下，我心想，這就是我們的未來：爸爸剛接下一個有意思的新職務，我大學畢業，剛進入政壇。我們吃得很開心，簡直有點狼吞虎嚥。走出店門，風正起，天空團團雲絮。我們剛叫到一輛計程車，雨便下來了。

有時我會想起那個下午，想起所有父親和我想要一起做的事，或想起他對我說過的話。我會看著他的照片，想著不知他認爲我會成爲怎樣的人。我就這樣陷入沉思懷念之中，努力回想他的音容笑貌，甚至他打鼾的聲音。不知不覺間，我張開了嘴，深呼吸一口氣，聽到自己的口唇吐出一聲：「爸爸？」

2

講英語長大

僅僅說我成了香蕉，變成認同白人，是太簡單了。

在敏感的青春期，我漸漸認同的不是一般白人，而是某一種人，

他們多半是白的，受過良好教育，富有，出入漂亮場所。

我學的是他們的樣，在乎的是他們的評斷。

因爲認識了他們，舊的思考方式像靈魂周邊堆砌的台架，紛紛垮掉。

因爲認識了他們，我開始想像自己超越種族的界線。

1

根據以下各點，你可以說我是「白人」：

我聽美國公共廣播電台的節目。
我穿卡其工人裝。
我有褐色軟皮靴。
我吃青菜沙拉。
我很少「有色的」好朋友。
我娶了一個白女人。
我在郊區長大。
我的公寓布置是時新品味。
我度假時住在可愛的家庭式旅館。
我從未遭到露骨的種族歧視。
我是好幾個不容易加入的團體的會員。

我置身政治核心圈內。

我並不是以隨員身分置身政治核心。

我有野心要在政界求發展。

我是創造風潮的人。

當我發言，我認爲別人應該注意聽。

我講完美無腔的英語。

我訂閱《外交事務》雜誌(*Foreign Affairs*)。

當報紙社論說「我們」如何時，我覺得我是其中一份子。

電視節目的角色淨是白人，我並不介意。

我不太注意自己的種族歸屬。

少數民族組成好戰團體，令我憂慮。

我認爲自己既不是在流亡，也不是居於反對地位。

人家說我是「民族之光」。

我從未要求人家視我爲白人。我並不是眞的白人。那是說，我既沒有白皮

膚，也沒有白祖先。我的膚色是黃的，祖先是黃的，千百代的祖先都是黃的。但是和很多第二代亞裔美國人一樣，我發現自己處於奇特的新地位：被視同白人。別的白人形容我是「榮譽白人」，別的亞裔人則稱我爲「香蕉」。尊稱與渾名都出自同一意見，即我已相當程度地由邊緣趨近美國生活的中心，我的內心已變成白的。「有的人生爲白人，有的人學著變成白人，還有的成爲白人而不自知。」這，我想，就是同化的意思。

以前，同化確實就是「變成白人」。一直到本世紀前半的晚期，模仿「盎格魯撒克遜新教徒白人」紳士階級的行爲準則，仍然是避免種族出身對自己不利的適當、主要，甚至唯一辦法。在社會上「吃得開」不僅靠披上盎格魯式外衣，也靠勤加漂白較黑、較髒的過去遺跡。這套權宜措施，幾乎僅對歐洲移民適用；黑人在很偶然的情況下可獲通融；亞洲人則毫無機會。

時代已經改變，支那人現在也有希望變白，我想你可以稱之爲一項進步。但正因爲時代進步，想成爲白人，或指稱別人存此想望，好像都已落伍之至。「美國人」的意義，在我生命的二十九年中已經歷一場革命，這革命是膚色、階級與文化上的。但「同化」一詞的意義在此期間並未改變：它仍然指的是

「白化」，「白」仍然是「權力」的同義詞；同化也仍然隱含著羞恥，當有色人種想要擁有權力時，別人認爲他應該感到羞恥。

我已經同化。我是主流。在很多方面我符合所謂「香蕉」的心理特徵：模仿、易受影響、無根、很願討人喜歡。我承認，有時我費很大力氣讓人忘記我的不同，好擠進當時的「領導階層」。但我這樣做，也許不盡然是想要「變白」。我承認別人對我的指控：我爭取成就、學習上層中產階級的行事方法、與任何激進份子保持距離。雖然認罪，我卻不知犯的是什麼罪。

被指爲香蕉，表示站在階級與種族的倒楣十字路口。又因爲階級是唯一的比種族更令美國人難以啓齒談論的事情，一個少數族裔者攀登社會階梯，往往受到有意的貶損或污蔑。污蔑中通常帶有強烈的背叛感：被同化的人背叛了他的同類、他的階級、他的家族。他一定是出賣了靈魂，才贏得全世界。不錯，在移動之中一定有東西失落，不管是從一地移到另一地，還是從一個階層移動到另一個階層。但有失必有得，其結果總是複雜的，絕不像「變白」或「本貌」的字面意思那樣單純。

我的同化早在我出生以前便已開始。首先是我的父母，他們懷抱著對西方

生活的好感而來，電影、書籍與音樂先已激起了他們對這種生活方式的興趣，我母親並且有一個去過西方的父親。我的雙親放棄中國式的嚴謹，改採美國式比較閒散的態度；他們辛勤工作、逐步適應，而取得今日成就；他們在郊區外圍一個安靜的社區裡建立舒適的生活；他們不像一般認定的華人父母，既不強逼兒女上進，也不迷信地位，不嚴厲，不動輒責罰，也不未雨綢繆。他們偶然教導兒女祖先傳統與「教訓」，但讓兒女感覺到，只要認爲適當，兒女有權融合、接受他們遇到的任何一種文化。

簡言之，我是在同化的氣氛裡長大，自小便認定這地方是我的。並不是說父母告訴我要像一個美國人，這正是重點之一：他們並沒有要我怎樣，只說要做個好小孩。他們相信我會找到自己的路，而我，以他們爲典範，以周遭如圓廬罩頂的文化爲導航燈，果然找到了自己的路。父母是半自願、半被動地同化，我則自小覺得自己的人生像是一部冒險故事的第二集，或是在跑接力賽中的第二棒。碰！我一出子宮便開始衝刺，手裡拿著棒子。漸漸對自己的步伐、呼吸及腳下的跑道更有把握。眼睛向前，從不回頭。

父親去世已七年，我與一個來自白人大家族的女子結婚也已經兩年了，感

覺好像我已繞過跑道彎曲處，發現自己並不確定要跑向何方或爲何而跑。衝刺減緩爲慢跑，我掃瞄眼前開展的新鮮景象。我已到了別處，遠離我父母所來自的中國，也遠離我少小時平凡的風景。我看看雙手，看出自己已不是孩童，能抓住的東西遠比少小時多而且大。如今我很想看看自己的臉，看時間有沒有在上面刻下什麼或擦去什麼。但我找不到鏡子，只能觀察周遭的人，而這些人多半是白人，握有大權。

我怎麼會來到此地，站在似乎應該專屬白人的位置上，站在社會特權階級的高處俯瞰世界？我怎麼會在這麼短時間內攻下這麼大片土地？在我盲目的旅途中，有什麼是我覺得應該拋棄的？什麼是我實際丟失的？這拋棄一種方式好讓另一種留存的過程，不僅是移民的故事，也是人子的故事。由於來了美國，我的父母成爲一個新國家的公民；由於旅行過同化的軌道，我也取得同樣的身分。

2

幼小時，借用《二代女兒》作者莫妮卡·曾根（Monica Sone: "*Nisei*

Daughter")的妙句，我生活在「變形蟲的極樂」狀態中。世界像一個滿布驚奇的小蜘蛛網，以家中生活爲起點，延伸到朋友，讓白日夢的想像世界切身得像是眞的。如果有什麼事或什麼人加入了我的個人意識網，則膚色或位置皆不重要。

四年級時，我最好的朋友是叫吉馬賽的黑男孩，次好的朋友是叫查理的白男孩。我對他們倆不分軒輊，只知道他倆一個是頭號朋友，另一個是二號朋友。我並不覺得在我的華人生活與其餘的美國生活中間有什麼裂縫，使兩者不銜接。我並不是「雙文化」，而是「全文化」，無所不包。在我心目中，我只與兩方面相關的人不同：我跑得比絕大多數人快，功課也比較好。工作與遊戲、學校與家庭、西方文化與東方文化，都緊密結合。在這個自信滿滿的男孩看來這些都一樣，他相信他永遠是自己小宇宙的中心。

快到青春期時，事情起了變化。我忽然不再能將外在世界包容進自我的私概念裡；外在的世界忽然變得比較複雜，不只是幾個微笑的老師和幾個要好的朋友。我需要表現得「酷」，「酷」的標準並未明言，也不確定，但卻無可逃避。「酷」的本質是順應的能力。順應的意思是能預料什麼「酷」，什麼不

「酷」。我並不很擅長此道。我首次遇到自己不能不費吹灰之力即做到的事。沒有人警告過我會從變形蟲轉變成社會動物；沒有人幫我準備好這吃力的適應過程。

因此在三個相關的領域內——我的外表、我的愛情、我的舉止——青春期的我都經歷鼻青臉腫的磨練。我無意誇張，這些都是青春期的常見的現象，多半是好笑而並不眞的悲慘。但在每一個領域中，我都漸漸覺得我並不正常。愚鈍的我，把這年齡遭遇的困境歸因於我的膚色，而不是年齡。我漸起疑心，認爲這世界有一種規矩，對我這華人是可意會而不可言傳的。我的反應不是爆發式的叛逆，而是悄悄、有時憤怒地致力學習這規矩。我從未以身爲華人爲恥，反倒很驕傲與偉大的中華文明有關。但我很生氣現在我的不同對我不利。如果不能避免，我不要被它打敗。

試想我的頭髮。十一歲以前，我都留同樣的髮式：倒扣碗形，母親給剪的。在這快樂的十一年裡，這種易剪易理的髮式很合用。但十二歲時，六年級讀到一半，我領會到——先是逐漸，後來猛悟——男孩不流行前瀏海。在這一年裡，班上同學因發育有快有慢，各人身高、體重及體型差異極大，我第一次

察覺我的個子是最小的幾個之一。爲彌補童稚的外表，有必要打扮得像個青少年一點。

我的髮型就此觀之便不合格。有些讀者可能一聽「華人髮型」便知道我的意思，其他讀者，尤其是素來就習慣把頭髮往後梳、做髮型、愛怎麼分邊就怎麼分邊的讀者，以下的敘述會讓你慶幸自己有此能力。各位也許記得，一九八〇年代流行頭髮中分，往後平貼在兩側，貼得纖毫不亂，像天使的翅膀整齊收在後面。我夢想有這樣的頭髮，我想像不經意地把頭往後一甩，讓一、兩綹散落的髮絲歸回原位。我夢想擁有幸運者鬆軟、乖順的卷髮。

可惜我沒那分幸運。我的頭髮直而硬，像鐵絲一樣，不但不肯乖乖往後貼，連彎都不肯彎。更糟的是，它長的方向不對，從後腦勺的單旋向四面放射。它只能由後往前梳，像部分前頂禿的男人那樣，要想以其他方式分邊，根本就不可能。不消說，這是大災難。以後三年，我實驗過各種髮型，從荒謬到糟透各形各式：有巨頭鯨式、香菇式、鋼盔式、瀏海如窗簾式。我買了一隻吹風機，以高溫強迫頭髮聽令貼伏。其結果，雖有時頗有創意，卻總是離「酷」很遠。

我裝作漫不在乎，也沒有人對我的頭髮發表過任何意見。但不要搞錯：在十三、四歲的年紀，這是最折磨我內心的事。我的父母從未有此困擾，我卻斷然將此不幸歸咎於基因，而我不堪忍受這命運。在那個以同質化為最高美德的時代，我覺得自己像留長辮子的傅滿州那樣突兀怪異。

一直到念完初中，我才得到解救。有一天，我和一個好朋友走過髮型設計屋，這朋友向我挑戰，問我敢不敢去把頭髮剃掉。我毫不猶豫地進去剃了，把這朋友笑出眼淚，後來母親見了則嚇出眼淚。當然，以後幾天每當我抓撓自己的西瓜皮時，也偶然懷疑這麼做是否不智。但我高興自己在不失面子的情況下，避開了最讓我頭痛的社交負擔。不僅如此，在一些同學眼中，我現在是個大膽的（禿頭的）叛逆。以後我一直理小平頭。

那幾年裡，髮型只是一件更大任務的一部分，這任務就是吸引女孩子。這方面我受到最大挫折，卻不能稱之為失敗。女孩子們總說我「可愛」、「有趣」、「聰明」、「體貼」，可是在我高度敏感的耳朵聽來，像是在說我「有痲瘋病」。一次又一次，我吸引女孩與我產生深厚友誼，一次又一次，好像就要變成愛情了，我卻撞到玻璃屋頂似的東西而失敗。

這些女孩都是白人，你要知道。我念的學校大都是白人。我是華人。我相信這是我不得進展的唯一障礙。這話說得通，對不對？人家不是說我可愛、有趣、聰明又體貼嗎。髮型不佳，但我還是挺有魅力的，至少與那些已開始與女孩「出雙入對」的傢伙相比，我不差。再找不出其他原因了。然而我不能出聲抱怨，否則就像是失敗者的哀鳴。因此我的反應是私下侮辱暗戀的女孩，說是她們不夠水準、心胸狹窄、帶有偏見，這樣的女孩不值得我掛心。

我的另一種反應是專心發展才能。我全方位發展，是交響樂團的團員，也是摔角隊員；贏得科學競賽，也主編校刊。我以爲我是在破除一般人「亞裔美人是書呆子」的成見，但恐怕在某些人看來我正是又一個「成就過高的亞裔人」。

事後想來，很難說身爲華人使我失掉多少戀愛機會。也許有些女孩因爲我的種族而不跟我往來，但我不會知道。也許有的女孩，種族不論，本來就不喜歡我。當然也有女孩很喜歡我，但不願成爲異族情侶的一份子。男孩子很多，何必走較困難的那條路？何必冒降低地位的風險？何不與那華人男孩僅僅維持友誼關係？

也許這恥辱是想像多於事實。但身爲ＡＢＣ（American-born Chinese，美國出生的華人），絕對對我產生影響。我覺得自己像長了綠角的怪獸，像社交圈裡的外邦人。我多麼想討人喜歡呀。我的努力，也許可愛，但卻不能打動女孩的心。我雖觀察到人家調情時說些什麼話，也機敏地學著說，追求的技巧卻顯然很拙劣，看不出一些微妙的追求儀式的重要，竟鄙棄之而不用。我以爲只要表現自己是個好人，終究會有異性做出合理的事，迷戀上我。我實在胡塗無知。要過很多年以後，我才會學乖。

年少時，讓我迷惑的不僅是追求儀式：所有的儀式都非我所長。慶典、禮節、成規，於我全陌生古怪。對很多白人小孩像是天生就會的事，對我卻極其困難。例如美國式的禮儀。華人家庭往往自有其繁文縟節，但「請」、「我可不可以」這類的話，在我家裡從未聽到過。似乎家人之間無須如此客套拘謹。父母從未教我寫道謝卡。連在朋友家過夜之後，我都不懂得說聲「謝謝」。我還記得當朋友告訴我，他母親很不高興我這麼沒禮貌，我肚子裡一陣泛酸的難過（於是我表示了謝意）。

在「洋人」家吃晚餐尤其辛苦。橡木家具顯得特別高大，椅子像王座。開

飯時，先由一人，通常是做父親的，喃喃說禱詞。我偷眼看低頭祈禱的每個人。如果他們叫我說些禱詞怎麼辦？我又低頭垂目，緊閉雙唇。接下來是餐具問題：用哪些、順序如何，等等。還有一盤盤食物要繞桌傳遞，而不是伸筷子出去取自己想要的。我會聽到自己拔尖的聲音在問：「可以請你遞一下胡蘿蔔嗎？」通常是在這時候，我注意到只有我的餐巾還整整齊齊疊在桌上。

雖然有這些事，我和朋友當然還是共度了許多快樂時光。可是當我坐在那裡，與別人的家人共進豐盛的食物時，有些事讓我模糊感到悲哀。在這樣的時候，我察覺我已與父母不同了。我多麼想就在家裡，在我們自己的廚房裡，呼吸著炒菜的香味，聽著中英文夾雜的閒聊。可是另一方面，像剛上岸的兩棲類，我禁不住大口吸這奇妙的新鮮空氣。我的潮濕、眨動的雙眼睜得大大的，觀察、記錄這些「一般」美國人的儀節與嗜好。我在他們之間待的時間愈多，愈學得像他們。我熟悉了他們的日常用語與做法。我運用自如。

這世界，便是我改換的軌道。是從這些小事裡，我改換了面貌。但願我能講一個更戲劇化的故事，好讓讀者覺得精采些，例如遭遇嚴重種族歧視，使我深陷入疏離的心態。可惜我說不出這樣的故事。有時候我覺得不太自在，但從

未眞的有疏離感。七年級時，有一、兩次，坐在校車後面的粗魯男孩辱罵我，喊我「清佬」(Chink)，對我丟紙團。我很不開心。但是每次，我的一個朋友——我的白人朋友之一，後來我去他家吃過晚餐的——都站在我身邊，丟回紙團，也罵回去。罵的也是很粗的話，指涉他們所住的拖車場、他們所穿的骯髒衣服，或他們的父母所做的小工。這類衝突不僅關乎種族，也關乎階級。

我自己的同化過程也可以作如是觀。僅僅說我成了香蕉，變成認同白人，是太簡單了。在敏感的青春期，我漸漸認同的不是一般白人，而是某一種人，他們多半是白的，受過良好教育，富有，出入漂亮場所。我學的是他們的樣，在乎的是他們的評斷。因爲認識了他們，舊的思考方式像靈魂周邊堆砌的台架，紛紛垮掉。因爲認識了他們，我開始想像自己超越種族的界線。

3

最近翻出一張大一時所拍的照片，看了發笑。鞋子穿得不對，襪子穿得不對，難看的襯衫不該紮進不恰當的寬鬆褲裡。那樣子正像是當年的我：山村小鎭裡蹦出來的小子，偏裝作貴族高中畢業的樣子。我看起來緊張兮兮。再看看

大四時全班聚餐所拍的一張：這時候我穿的是灰色斜紋軟呢外套，配綠色格子花呢領結，很像樣的排扣襯衫，全是在耶魯大學福利社買的。我看起來有自信，但挺有點故作姿態。

兩張照片之間的差異是我先經驗、後克服，詩人亞歷山德(Meena Alexander)所稱的「初到震撼」(the shock of arrival)。以大一新生身分初來到大學的鑄鐵大門口時，我覺得自己完全是個外人。不僅因爲我是個矮小的華人男孩，站在「盎格魯撒克遜新教徒白人」的殿堂上；也不僅因爲我是個鄉巴佬新人，被大學精緻的風格所震懾；而是兩者兼有：膚色與階級糾結在一起，像個雙螺旋，雙重的格格不入。

有一陣子，我應付這震撼的方法是退到自己那夥人裡去——不是亞裔同胞，而是同屬公立學校畢業的邊緣人。我們都憎厭那些凡事得來不費吹灰之力的耶魯人。這樣安排自己我尚可忍受——我在躲藏，但至少這符合耶魯「敗者流放」的悠久傳統。反之，若將自己置於同種族人之間，就顯得太局限了。

我知道這樣做不好；我知道在此多元文化時代，大學正應是孤立的少數族裔青年認識自己文化來源的地方。這一點，我多少做到了。我學中文，修一門

「亞裔美國人歷史」的課程，一門關於種族政治的討論課。但更重要的是，大學把我青春期無意識的同化習慣，強化成自覺性的策略。

我還記得在進大學後的第一週，我經過「亞裔美國學生聯誼會」（ＡＡＳＡ：the Asian American Student Association）耶魯分會的辦公桌，在桌子後面值班的上流階級男子看起來開朗愉快，絕對不給人種族狂熱份子的印象。但不知何故，我立刻想起幾天以前，在外面轉角見到的一景：幾個猶太人，身穿黑衣，臉上留著翹鬍子，在這繁忙的十字路口尋找同行的夥伴。他們的方法粗糙但讓人記憶深刻。任何稍有猶太模樣的男子經過，這些熱心人士便快步上前，遞出一張傳單，問道：「借問一聲，先生，你是猶太人嗎？」大部分人不是，而是的人也多半不肯停步，結果那轉角處便滋生狂暴、緊張到簡直好笑的嗡嗡聲：借問一聲，你是猶太人嗎？你是猶太人嗎？借問一聲。你是猶太人嗎？

站在我面前，ＡＡＳＡ桌後這位修潔可喜的韓裔男孩（我認爲我能區分亞洲各族裔，就像有些人自認能區分猶太人與非猶太人一樣），雖然只是招呼了一聲哈囉，之後便無聲地對我微笑，我的腦袋背後卻彷彿聽到：「借問一聲，你是亞裔人嗎？」你是亞裔人嗎？借問一聲。你是亞裔人嗎？我拿了桌上一張

傳單，甚至把名字塡在通訊名單上，以免顯得不禮貌。但我早已決定不在純亞裔人的團體裡活動。當時我想：我才不要這樣被人分類呢。

這種「被分類」的過敏心理，是「香蕉族」的標準心態。香蕉族怕什麼？我是說，我怕什麼？怕被誤認爲更像華人；怕被認爲只是，或主要是個亞裔人；怕被白人劃歸不與別人往來的少數族群。這些是我覺得應該避免的威脅，雖然是看不見的，而且坦白說沒有事實佐證的威脅。

在大學裡，我沒有避免與亞裔人做朋友，我也與亞裔同學在課業上合作；我只是絕不主動這麼做。這中間的差別很重要，我認爲等於是「自怨」與「自敬」之間的差異。自怨與自敬怎麼會混爲一談，我並不覺得奇怪。我也從未想過我之所以遠離亞裔族群，不願成爲那團體當中的一份子，不願被吸收而喪失自己的獨立性，其原因正是我自己同化的進展。我只不過是堅守種族中立及自立自強的觀念。我神經緊張地告訴自己：我不需要族群的支持。不僅如此，我不喜歡別人以爲我需要這種支持。

可是問題又來了：是誰會這麼以爲？除了我，誰會認爲韓國排球隊或台灣社交活動或泛亞學生俱樂部的存在，就代表「所有」亞裔人——包括我在內

——需要這種半血緣關係的社團？除了我，誰又會把這種親緣關係的需求解釋爲無法適應？我討厭有些白人微帶嘲諷之意地把亞裔人全視爲無差異的一大團人。可是實在說，有誰的嘲諷比我自己的更讓我生氣？

我清楚知道一般人對亞裔美國人的不良印象：我們不肯融合、永遠像外國人、是專精數學與科學的呆子、對人冷漠而不肯傾心相交、喜作追隨者而非領導者、身體孱弱但狡詐卑鄙、不易了解而可能叛國。這些視亞裔人爲異類且卑劣的刻板印象，像巨大無比的冰山堵在我面前，挑戰著要我把它們切割鋸開。我不知倦怠地切之、砍之，但同時，我卻沒注意關於我自己是異類且卑劣的謠言。這些謠言像霧，自冰山後面升起，飄進我的意識，冷卻我的自我意識。

像在高中時一樣，我對抗這種刻板印象的方法之一是以事實來駁斥。別人以爲亞裔人只擅長數學與科學，我就修歷史與政治。別人以爲亞裔人體力衰弱，我偏練習舉重，且參加海軍陸戰隊軍官培訓。人家以爲亞裔人是不融的異類，我便特別愛國。人家說亞裔人不擅交際，我便極力尋歡作樂。人家說亞裔人是所學狹窄的專家，我偏作全才全能的通人。人家說他們是永遠的外邦人，我便儘量加入所有主流團體，顯示我也能隨眾起舞。

當然，我是言過其實了。我做這些事並不是以打破成見爲唯一目的。我既不那麼有實驗精神，也不那麼精打細算，把自己重塑成與別人心目中相反的形象。我確實喜歡歷史，而數學並不太好。祖父是軍官，我因此很想看看軍校生活是什麼樣子，結果還挺喜歡，至少結業以後就喜歡了。我天生熱情忠實，喜歡參與，而且有一點軍人傾向。

同時，我也常常知道，有時甚至希望，別人認爲我是亞裔人中的「例外」。我以「非典型」亞裔人自豪，高興自己是軍官訓練團唯一的華人，或參加了這個那個俱樂部。

諷刺的是，如此努力破除刻板印象，結果卻像扛上了這個枷鎖。因爲要自覺地違反亞裔人「傾向」，並不等於破除亞裔迷思的牢籠，倒反而是反轉鑰匙，把自己鎖在裡面。當每一項行動都經過衡估，至少是部分經過衡估，那還有什麼自發性可言呢?我想像中「典型的亞裔人」與我希望自己是的「非典型亞裔人」，就某方面而言是二而一的:兩者皆不是人類自由意願的產物。

說得白一點:我並不以這種心態爲榮。我相信我已超越了。現在把它說出來，不是要爲之辯解，反而是要消毒，不讓它繼續擴散。

不過，種族引起的不愉快並不是我的教育的中心。剛上大學時，我覺得與任何膚色的人相比，我都顯得不足。我相信自己非成功不可，部分原因是我沒有關係、沒有財富、沒有經驗，也沒有同學們好像都有的家世教養。人家講笑話或引經據典，我聽不懂。我沒有那分從容自在。因此，除了學校功課外，我開始思索這有影響力階級的文化修養問題。

經過相當時間後，我想我學會這文化了。我的興趣和字彙更具功名傾向，我登上被稱爲耶魯校園中「魔術升降梯」(magic escalator)的位置：我參加的課外活動使我得到校友實習生的機會，到國會山莊去實習。期滿後我得到一份工作，在華盛頓定居下來。逐漸，非常緩慢地，我發現自己並不是個「外人」。我發現不管以什麼標準，我都已經走在「成功」的路上——當然，以我少年時的標準而言更是如此。

不過，一直到現在，我才能評估少年時的想法和做法。現在看出，我走的直路並不是唯一甚至也不是最好的路。這條路也許能超越種族，卻不一定有必要嘗試。種族認同有時像腳鐐手銬，但它並不僅是一種束縛。我如果早些認清，種族認同並不是「不接受便消除」，可以省掉很多頭痛。

有時候想，如果我從一開始就對自己的膚色處之泰然，現在會是怎樣的人呢？與同種族的人保持距離，使我錯過了什麼？我損失了什麼樣的友誼，延後了哪些對自己的認知？如果某些我偶然享有的特權被剝奪或排除，我很可能會發展出另一種世界觀。但我不知道我的觀點會有怎樣的改變。

我只知道，經過這麼多年與自己的身分搏鬥，造成的結果只有部分與膚色有關。從耶魯畢業時，我不再是新生照片裡那個生嫩的男孩。我對自己和處境比較有自信——自信到看得出自己的恐懼其實很蠢。自那以後，我有了期待感，期待加入和歸屬，這是少年的我難以想像的。這些都是逐步發生的，沒有一個切換點，沒有明顯的變化時刻。看起來，「初到震撼」只不過表示我來了。

4

「這世界不再是白色，而且永遠不會再是白色。」美國黑人作家詹姆斯·鮑德溫(James Baldwin)在一座瑞士小村莊住過一陣子後如此寫道。這小村，據他所知，在他之前從未有黑人來過。在這白色的冰雪心臟，年輕的放逐者開始

了解，爲何他的許多同胞那麼想回到只有白人存在的地方。也是在那裡，他了解到這是不可能的，美國的各種族命運與認同如此糾結不清，「美國人不可能重歸這歐洲山村似的單純。在這裡，白人還能把我當外鄉人看待，」他寫道：「我其實，在任何美國人眼中，都已不再是外鄉人。」

當我思索自己的心路歷程、我家人的一生經歷時，鮑德溫此言正是我心中所感。我在這裡，立足於一個新的國家。我不是放逐者，不是居留的異邦人，而是國民。我放眼細看我所進入的特權區，了解到幾件事，是我的父母輩以前初來到他們的新國家時，可能也感受到的。我了解到，我的進入給了我很大的機會。我也了解到，我爲進入付出了若干代價。我忽視了祖先的遺產，失去了一些東西。對，我能說一點中國話，會炒幾個簡單的中國菜，我去過中國，知道一些中國歷史。但我還是不能以道地的華人自居。

不過我也不願承認「內在白」。我並不想成爲白人，只是想融合。我認同掌握經濟與政治權力的白人，不是因爲他們白，而是因爲他們的權力；我想像自己混雜在影響我們文化潮流的白人中間時，爲的不是他們白，而是他們的影響力；我倣效從容應對世事的白人，不是因爲他們白，而是因爲他們的從容。

我學習的對象差不多總是白人，我並不喜歡如此，因爲這說明機會的分配仍然不均。但若只因爲我向他們學習，便說我是白人，於事無補。今天機會最差的美國人都是有色人種，這事實已夠殘酷，若再用自己的語言把這事實變成鐵律，豈不更殘酷？我們不該再把同化說成「照白人的方式」了。

也不該再把同化看成失落，應該認識到，所喪失的不見得有那麼神聖。如我所說，我的華人成分已不很多，我也常決心多保留一些傳承，但我的忽略、我的許多遺漏，眞的完全錯誤？切斯特頓(G. K. Chesterton)曾寫道：「保守主義的基本理念是，如果你不管，事情就不會變。其實不然。放任一件事不管，就是任它受各種激流的沖刷。」我也許生而爲一個華人小孩，但如果要維持爲華人，必須父母與我自己不斷地增強我的華人特質。但我被放任不管了，結果我就受到各種各樣的激流沖刷。

必須記得，這樣做是破壞也是創造。激流中會有新東西出現。這東西未經開發，像是說著一個未成形國家的未成形語言。這東西不是白的，很可能比我以爲的更中國。不管我將變成怎樣的人，合成物難道一定比較不正宗？這樣的我難道比別個樣子更無價值？每一個同化的例子中都有對歷史的反叛，但其中

也有一種命運，就是重新定義歷史。做爲現代美國人，在精神上、血液裡，其意義都比以前任何世代更混雜得多。因此，與移民的痛苦與機會同時存在的，是以下事實：美國不再是白色，而且永遠不會再是白色。

3

偶然生爲亞裔人

The Accidental Asian

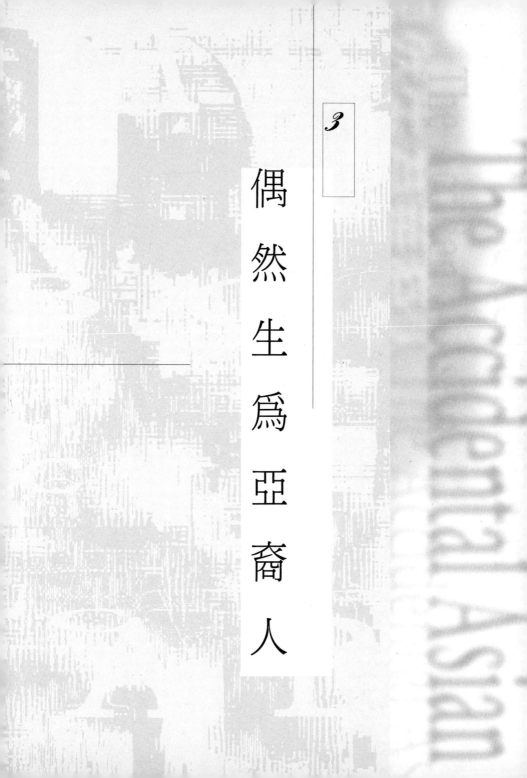

這實在是非常奇妙，在每一方面都是。

中國移民和日本移民的子女，或韓國移民與日本移民的子女，

或印度人與巴基斯坦人的子女，

能完全不顧他們祖先的彼此憎恨，融合成同一個社群，

誠摯地共同致力於對社會的集體貢獻，你看了不能不讚歎：

「只有在美國，才會發生這種事。」

1

亞裔美國人開始有自覺意識，大約起始於三十年前，正當我出生前後。三十年來，他們奮力想凝聚一致的聲音，表達有效的意見，正如我這些年想做的一樣。他們努力適應主流社會對種族的態度，即：有色人種在這個社會的價值，端視他們能凝聚的種族力量而定；我也一直致力於吸納這些力量。以亞裔美國人自居，如我，便是宣告自己不是白人。亞裔美國人想要超脫過去的恐懼與盲目，從中得到力量，我也是一樣。亞裔美國人的自覺意識完全是一種美國產品，是歷史上受到排斥所致，整樁事情也不過就是一代以前才開始，比自覺意識的產生早不了多少；我的自覺意識也是這麼來的。

我要說的是，我認同亞裔美國人的自覺意識。我了解他們爲何如此。這意識與我像是雙生兄弟，出生時分開，卻彼此天生互相了解。問題是，我往往不同意它，它讓我沮喪，甚至失望。我猜這感覺是相互的。我們對同一世界的反應很不相同。

對，我認爲這種自覺意識是會反應的東西，它差不多是活的，像一個影子

或鏡中影——是一種意識。它即使沒有自己的意志，也至少相當能聲言自己的存在。它像暴風，有美麗的、旋轉的形態，在我的腦中前後移動。它會把我吸進去，又把我吐出來。我一直知道它的存在；我一直多少有些相信，只要與它合併，我會得到解放。但我仍與它保持距離，因爲我怕在它捲進無數人的大旋渦中間，是一個空洞。

2

被人稱爲亞裔美國人，是怎樣的感覺？設想你是移民，年輕，但已獨立生活，來美國才幾個月。假設你來自韓國，設想你講韓國話，讀韓國報紙，吃韓國食物。想像你住在法拉盛（Flushing，紐約亞裔區）東部或中城南部，只看見韓國臉孔。不錯，有別的臉孔，褐的、黑的、黃的、白的全有，不過你只看見一種，只有一種你看得懂，就是韓國的。想像隨著時間過去，你漸漸看到別的臉孔，這城市的生活秩序像看不見的格架，你漸漸看得出來了。不僅如此，這秩序影響到你。以前純然韓國的，現在不那麼韓國了：你說話現在夾雜一些英文、西班牙文；你在擁擠有怪味的報攤上買報紙，各種文字、各種形態的印

刷紙塞在一起；你素來愛吃很辣、很鹹的食物，現在加添了麥片粥和餅乾，你邊吃邊看電視，節目你看不懂，除非是默劇。想像你現在變成韓裔美國人。這不是很可驚嗎？以前你是韓國人，現在變成韓裔。你嚇到了，可能想要撤退，想要彌補，每晚禱告前提醒自己是韓國人，好讓你與你的神不致忘記。但遺忘是無情的。時間過得更久些，一天有人敲你公寓的門，開門一看是個日本人，你內心深處閃過一段歷史情結，輕蔑或謹慎的心理瞬間起滅。想像這日本人開口對你講英語，是電視上講的那種，而你完全聽得懂。她說她需要你幫忙，邀請你去參加一個集會（或是宴會？），討論我們——你和這日本人以及其他許多沒見到的人——必須團結一致，對抗共同的敵人。想像她在說你們都是亞裔美國人。你聽了是什麼感覺？你關上門，走到窗邊往外看，窗外有許多不認識的人，但只有四種膚色，這時候你忽然醒悟，你自己廚房的氣味多麼輕淡，而街道上的氣息多麼濃重？

3

我坐在電視台的一間小錄影室裡，旁邊坐著女主持人。攝影機對著我們

倆，燈光在頭頂炙人。我很緊張，雖然我不該緊張：這是我的工作。我替一家有線電視網作新聞評論，經常到這間錄影室來。這天，我被召來擔任「特別來賓」，討論《國家評論》雜誌(*National Review*)最新一期的封面。這張封面很引起爭議，因爲它把總統、副總統與第一夫人畫成黃面孔——意思是，以諷刺畫手法，把他們畫成刻板印象中的東方像貌。封面標題寫著：「滿州來的候選人」，這當然是指柯林頓與「亞洲錢」醜聞的關係。自一九九六年大選以來，這新聞一直炒個不停。

我進入錄音室時，電視上正在播映預先錄好的新聞帶，新聞中描述了這份雜誌封面引起的騷動。錄影帶播完時，紅燈閃亮，表示我們正現場播出。主持人轉向我，眉頭皺結，表現憂色：「你覺不覺得這封面帶侮辱之意，艾瑞克？」

我說眞話。我初看到時並沒有很受侮辱的感覺（反倒是我母親，比我生氣得多），我只覺得這封面太稚氣，一時也沒再去想，一直到幾天後，製作人拿著這本雜誌在我面前搖晃，問我反應如何。我知道他期待怎樣的回答，那是任何有自尊心的亞裔人都會給的。

「哎，」我說，轉頭面對攝影機：「這些諷刺畫展現長期以來貶低亞裔人的做法！暴牙啦、斜眼啦、斗笠啦。它們事實上是種族歧視。」我這麼說開來。換言之，我在扮演亞裔發言人的角色，捍衛我的種族。我講時，主持人了解地點著頭。

不久，《國家評論》的一位編輯透過衛星加入討論。他也是亞裔美國人，南亞洲的。「我們沒想到這期封面會特別引起爭議，」我聽到這另一個亞裔人在說：「正常人不會覺得受到侮辱。」

正常人？這個亞裔人愈說下去，我答覆時愈覺得身體發熱。起先我以爲是唇槍舌戰引發腎上腺素分泌旺盛，但他的話愈來愈顯得虛僞偏頗——什麼「如果這醜聞是關於愛爾蘭人的錢，我們會把他們畫成愛爾蘭小妖精」——我的感覺已超過煩惱、生氣，忽然我領悟到，因爲憤怒，在答辯時鏡頭顯現我焦灼的表情。我在吼叫，我提高音量在捍衛「我的同胞」。

「不知怎麼搞的，抗議別人帶偏見、不敏感的人，倒被醜化成比抗議的對象更壞的樣子！」我隆隆如雷鳴。

「我沒有醜化你，」那個亞裔人辯解。

這段節目不久便結束了，紅燈熄滅。工作人員中一個亞裔美國人過來跟我握手。我對自己挺滿意，意氣昂揚。但還沒有取下麥克風以前，我便明白一件不尋常的事發生了。辯論開始時我是在扮演一個角色，因爲我覺得應該這麼做。八分鐘後我已完全融入這角色。似乎純屬偶然，我已變成理直氣壯、有話即說的亞裔美國人。只要有一個舞台、一個惡人，我就變了。

這就是亞裔美國人自覺意識的產生——別人的期望和一種危機感，比任何別的都更能激發這意識。不久以前我還很少自稱是「亞裔美國人」呢。如果有人問起，我可能會說「華裔美國人」，或尖銳地說：「美國人」。但有時候，你自己怎麼自稱並不重要，高爾夫球名將「老虎」伍茲(Tiger Woods)就是一例。他自稱他是「多種民族混合體」，可是媒體還是稱他黑人。有的時候別人「需要」認爲你是某甲，儘管你自認是某乙。我現在的情形就是這樣。我在錄影棚裡以「亞裔美國人」的身分說話。

當然，我是自己決定接受這角色的。有意思的是，雖然只是短暫時間，我確乎沉浸其中。這讓我起了危機感。起初我也許不太關心別人對「黃禍」的刻板印象，但一聽到這人殷勤僞善的談話，聽到他堅持說責任全在像我這樣愛發

牢騷、鼓動種族情緒的亞裔人身上，我的心涼了半截，看出確實是有危險。也許，正如我在鏡頭前所說，侮辱性的諷刺畫與更惡劣的反亞裔情緒之間僅有一線之隔。在那片刻，我開始了解到，亞裔人自外於主流社會，根本原因是「自衛」。

我還了解到很多別的道理。比方，爲何這麼多各族裔的美國人，在過去三十年間，採納了適用於全體的「亞裔美國人」這一身分：這是黃種人的反抗宣言，對應「外邦人」或「腳下塵土」的說法，抗拒自大份子的堡壘。更重要的也許是，它代表團結合作。我可以認出自己這些年來，是怎麼變得更接近亞裔美國人的。我讀了相當多的文化與政治論述，我熟悉了歷史。當然還有，我在全國電視網上發言反抗對亞裔人的誹謗。

然而我並不是亞裔美國人的運動份子；我只是在電視上扮演了一次這樣的角色。我雖然明白這身分認同的重要，卻總覺得它不合乎自然，而且沒有必要。有時候我羨慕全心全意自認是亞裔美國人的人：他們是信仰者，對自己的存在有某種信念，不像我，生爲亞裔人純屬偶然；偶然產生種族意識，之後卻不知道該怎麼辦。

4

我們都是發明家。我們從片段的故事裡把自己拼湊起來。

每一種身分意識都是一種社會結構，是隨意畫出的線條。但，所有的身分意識都是同樣的隨意嗎？都是同樣的必要嗎？可以拿「亞裔美國人」這樣的身分意識來與其「內部」（亞洲各族群）與「外部」（國家）做個比較。

族群意識，例如「華人」意識，有必要存在，因爲它關係到文化的傳承與解釋。「華人特質」實在不易界定，它是一種複雜內涵的簡化標籤。當我談到我的傳承，或我所失去的傳承時，我指的是華裔美國人所特有的語言、故事與習俗。

國家認同，以美國而言，比較有問題。這種意識很廣泛而常常彼此矛盾，仰賴神話與互相矛盾的議論，比其他國家都多。不過，它也不是沒有意義。美國，是一個公民組織也是一種文化現象。以一個國家而言，它提供無可比擬的自由。以一個地方而言，它是舉世無雙的野心培育所。這樣的美國產生出來的融合體，不論好壞，總是在推動人類向前。

種族當然也有其價值。只不過，種族的價值在於其存在。換言之，不能否認這社會還是由我們稱爲「種族」的一些特質隨意組成，利弊往往互見。由於這種不變的社會現實，種族認同應該受到我們的重視。

請不要誤會：我並不是希望社會上沒有種族之分。我是主張各人隨其自由意志認定自己是何種人。我希望社會讓人自擇要不要歸屬於某個族裔，就像白人可以選擇要不要聲稱自己是哪國後代一樣。這是不花錢、中立、可變動的抉擇。不過我知道各族裔通常自成小圈圈，不與外界往來。

因此，我對族裔認同的疑懼，多少是來自種族壁壘主義。但也許我的憂慮，像造成這憂慮的渲染騷動一樣，屬於那已經過去的時代。也許在多元文化之後，即將出現的是四海一家的時代，是賀林傑(David Hollinger)所稱「後種族時代的美國」。要讓這時代趕快到來，也許沒有別的法子，只靠述說我們現有的故事。

5

有一位大學時代的朋友，本來是來自東岸郊區、不參與華人團體的ＡＢＣ

——換言之，與我很像。不過他搬到西岸去念研究所時變了樣。生平首次，他處於一個亞裔美國人很多的地方。他加入亞裔學生會，開始讀亞裔美國人刊物及文選，花愈來愈多的時間與亞裔朋友在一起，第一次有了一個非白人的女朋友（她是日本人，頗令他的父母失望）。不久他開始向我大談身爲亞裔人的重要，而且他看起來眞的很快樂，很自在。

我稱這位朋友爲「重生的亞裔人」。他爲何改變，不難看出。他找到歸屬和隨之而來的意義。他找到一個地方，他永遠可以融入，永遠受到承認。他內心的空虛得以塡滿，這空虛是很多第二代「香蕉」傳承不足的苦惱感覺。而且他用來塡補這空虛的，並不是什麼古老發霉的中國文明，而是新的、合成的、美國製造的黏著劑，叫做「亞裔認同」。對這位朋友而言，有了它，既興奮，又滿足。

我自己的轉變，如果可以稱之爲轉變的話，距離完成還早得很。大學時期花了很多時間緩慢向亞裔認同推進，後來卻發現其實沒必要這麼做。我開始嘗試剝除我自己反種族武裝的最外層。是有什麼神跡顯現嗎？沒有，我只是開始長大，我已經到了可以摘下「無種族」面具的年齡。我已經感覺到自己渴求歸

屬、渴求加入的心情。於是我加入了幾個亞裔美國人組織，開始參加他們的集會。我受到歡迎。沒有人質問我的出身、我的立場。我遇到的人大都跟我一樣：第二代、主流、尋找別的意義。不久我便熟知「社區」裡的行話，而毫不猶豫地自稱是「亞裔美國人」。

不過，不要太抬舉我。其實我的探索還僅限於亞裔美國人公開的一面、團體的一面。至於私下的一面，透過種族形成的親密友誼，我才剛剛進入而已。頂多只能說我是甦醒中的被同化者：曾經拒斥、現在正朝向完全自覺的亞裔美國人高階攀升。我很高興已經爬了這麼多階，把一些不安全感拋在後面了。不過，我並不確定應該走多遠。

6

三十幾年以前，沒有「亞裔美國人」，一個也沒有。有日裔美國人、華裔美國人、菲裔美國人等等，是與眾不同的一群人，共同處是膚色或黃或褐，都受過不少歧視的氣。雖然一般人統稱他們爲「東方人」，以爲他們有共同的特徵與文化，他們自己可不認爲是一個集體。一直到一九六〇年代末，美國社會

大騷動時期，才開始有人覺得他們應該統合起來。

黑人民權起了帶頭作用，一小批亞裔學生運動份子，大部分在加州，演出「概念柔術」的戲碼，創造出積極的亞裔人意識。第一步是撕下「東方人」標籤，認爲那是歐洲殖民者使用的舊辭。代之以「黃色」，但有些膚色較深的亞裔人抗議，於是改成「亞裔美國人」，推動這個名稱合法化，意外得到做統計工作的聯邦政府之助。爲了便於記錄歸檔，一九七三年，管理暨預算署首次在政府表格中使用「亞裔」與「太平洋群島人」(Pacific Islander)兩詞。在聯邦人員看來，這下子所有亞裔人都看起來一樣了。不過這是好事情。

「亞裔美國人」最大的問題，至少在剛開始的時候，是這個稱呼僅見於枯燥的統計調查報告之中。它是一個統計分類，而不是一種社會族群。不過這幾十年來，亞裔美國人活動份子、知識份子、藝術家和學生都致力於把這名稱普及到生活上，而漸漸成功，結果使得一千萬亞裔美國人建立起泛族群的眞正認同感。這是一種造國運動。

學者安德森(Benedict Anderson)曾巧妙定義國家爲「想像的社區」(imagined community)，是一群人仰賴一種不可觸摸、排外的連結感，來團結

彼此歧異的成員。有時候一個國家有政府來執行其意志，有時候沒有。但國家必須有神話，有半正式的文化，向所有成員傳輸。

亞裔美國人的故事深植於威脅感中，這是他們共有的主要經驗：恐懼只因膚色種族而被歧視。一九六八年，亞裔美國運動份子推動舊金山州立大學和柏克萊大學開設「亞裔美國人研究」課程，被認爲只是前哨戰，因爲這種課程所講述的，只不過是記錄和流傳亞洲移民幾世紀來受到的惡劣待遇。今天，情況沒有太大改變，流傳廣遠的亞裔美國人故事之一是關於一個叫陳果仁（Vincent Chin）的華人。一九八二年，兩個遭汽車廠解雇的白人以爲他是日本人，將他活活打死。陳果仁的故事說明邪惡的種族偏見隨時會毫無預警地爆發出來。

但種族不是靠威脅存續的。要維持種族意識，不能只是消極地反抗別種族的歧視，需要承諾和融合藝術、文學與政治而產生的美感。再引述安德森的話，他在《想像的社區》一書中指出，母國文字「印刷資產」——書、報紙、小冊子——是滋生母國意識的主要動力。當代最具代表性的這種期刊，莫過於紐約出版的雙月刊《A．雜誌：美國亞裔生活》(*A. Magazine: Inside Asian*

America)。

這雜誌是八年前，一個哈佛大學畢業生，極具企業頭腦的傑夫．楊(Jeff Yang)創辦的。內容有風尚、政治、電影、書籍及趨勢，風格相當多元。翻閱這些光面紙頁，就像被捲進一個與亞裔人有關的新潮亮麗的世界。這世界裡有各種亞洲或亞裔美國的知名人物：演員如成龍和周明娜(Margaret Cho)，運動員如張德培和克麗斯汀．山口(Kristi Yamaguchi)；在這裡，所看到的仍是日常的人與事——體育競賽、電視節目、工作場所、書店、女裝店等，只不過透過的是一雙受過良好教育、精通社會、政治與媒體、立場中間偏左、年紀二十到三十的第二代亞裔美國人的眼睛。這麼做，是在塑造、並且被塑造一個理想的亞裔人。

這實在是非常奇妙，在每一方面都是。中國移民和日本移民的子女，或韓國移民與日本移民的子女，或印度人與巴基斯坦人的子女，能完全不顧他們祖先的彼此憎恨，融合成同一個社群，誠摯地共同致力於對社會的集體貢獻，你看了不能不讚歎：「只有在美國，才會發生這種事。」這裡有一分驚人大膽的野心：要宣稱所有權、要求尊敬。不過，有時候也有一分幻想氣氛，好像在想

像沒有白人，亞裔人自給自足。一個夢想。

如果你相信所謂「大熔爐」已經變成「五組熔爐」，那你也許能了解亞裔美國人自成一國的夢想。「五組熔爐」是多元文化融合方法：先化解族群之內的歧異，彼此團結一致。很多亞裔美國人都用這方法試圖改善處境。他們把「清國奴」、「日本鬼子」、「高麗棒子」和「菲佬」全丟進同一個大鍋，咕嘟咕嘟地煮。現在他們正等著從鍋子裡冒出來一種新的、高明的東西，叫做亞裔美國人。他們希望他出生。坦白說，讓人擔心也讓人興奮的是，他可能會出生。

創造一個種族，不只證明人類的想像力，也證明其局限。製造這麼一個接合體是有很棒的地方，但也有讓人沮喪之處，即這些創造力和精力原可以用在更重要的用途。今天的挑戰不僅是宣告有色人種的來臨，而是要超越膚色，結合在一起。創造出亞裔美國人的人認爲，活在今日美國，最重要的事莫過於推動種族國家。我則擔心這會延緩我們面對美國生活的更大任務。

7

權力。種族問題，意思是白人擁有權力，有色人種被剝奪權力。自稱是少數民族，不僅是承認白人視你爲非白人，還可能表示接受天命，維持這二分法。

法蘭克・吳(Frank Wu)，法學教授兼《亞裔週刊》(*Asian Week*)通訊員，曾經寫過一篇坦誠而優美的文章，自承已是「專業亞裔美國人」。「就像有些人因有名而有名，」他寫道：「我的專業就是我的種族。」當然，他不是唯一選擇以此爲專業的人。二十年來，泛亞裔組織、發言團體及政治遊說團體紛紛出現。這些團體提供會員關係、資金、立場和保護，代表這些沒聲音的人做重要工作。所有這些團體加起來，把種族變成一種機構。專業的亞裔美國人負責經營這些組織，他們從黑人和西班牙人那兒學到：只要建立起機構，人就會來參加。你建立起一個「合法的」種族應有的機制，別人就會以合法的種族相待。

專業的亞裔美國人很快表白：他們並非「榮譽白人」。對的：每個人都希

望不必被稱為白人，便能在這個國家出人頭地。還可以指出，有許多亞裔美國人，不像「眞正的」白人，至今因其種族出身而不得出頭。但有一件事，專業的亞裔美國人有時會忽略：他們也不是「榮譽黑人」。非洲裔美國人首創少數民族在美國的政治模板。這模板，是在強烈抗議與反對之中建立，並不見得非常適合亞裔美國人用，因爲亞裔美國人沒有奴隸販賣的歷史道義問題。

亞裔美國人與其說是一個種族，不如說是一個結盟，在龐大的黃褐色系帳棚底下，罩住各種利益。這些利益有的是共同的，例如反對歧視、主張開放移民，但在其他很多方面卻不相同。這是一個「社群」，包容幾十種族裔的一千萬人口，祖先來自美國各地與全世界，家族抵達美國的時間短自幾天，長至一世紀以上。他們的政治理念橫跨全領域，有的是領救濟金的單親母親，有的是億萬富翁，有軍人、有醫生，有基督徒、有異教徒。在這一片雜音中，你得擇其重點而聽之，才聽得出共同的聲音。

沒有共同的聲音，就達不到爭取利益的效果。專業的亞裔美國人沒有單一目標，在認同市場上沒有固定的位置。要談「本族」愈來愈困難。沒有關係，到頭來會成爲極寬廣的人的集合。在這樣的群眾之中，會產生很不一樣的權

力。

8

種族是怎樣形成的？

在居住中國的人看來，中國是單一民族。例外的是非漢民族，如苗族、傜族、壯族等。他們是少數民族。

在華人看來，印度人是一個單一民族。但是對很多印度人而言，印度人，就像「亞裔美國人」，是人爲的統括標籤，內含孟加拉人、旁遮普人、古吉拉人(Gujeratis)等等。

日本人自認是單一民族，與華人、印度人、韓國人絕不混淆。對韓國人、菲律賓人、越南人等也是一樣。

在首建美國的盎格魯人看來，十九世紀初湧至的愛爾蘭人是另一民族。在本世紀屠殺猶太人的日耳曼人，和旁觀的法蘭西人看來，猶太人是另一民族。可是在美國黑人看來，盎格魯人、愛爾蘭人、日耳曼人、法蘭西人和猶太人無差，都是另一民族的一部分。

美國司法體系對印度裔美國人的身分認定多次反覆，包括：可能非白人（1909），白人（1910），白人（1913）、非白人（1917）、白人（1919與1920）、非白人（1923）、仍非白人（1928）、可能永遠不會再是白人（1939與1942）。

對堅持辨明種族之分的人來說，血統駁雜不純是很難容忍的現象。他們給混血兒各種渾號：四分之一人、八分之一人、雜種、半階、半種……等等。

但在不認爲種族有那麼重要的人看來，血統混雜的人必將繼承這世界。

製造種族的不是上帝，而是人。強分種族不過是自愛之罪。

9

今年五月，我接到一份行事曆，和「慶祝亞太裔美國人（Asian Pacific American，簡稱ＡＰＡ）傳統月」的海報。活動包括：ＡＰＡ女性領袖進入二十一世紀、ＡＰＡ春季義演、ＡＰＡ學者晚宴、ＡＰＡ系列表演、ＡＰＡ作家讀書會、ＡＰＡ生活中的音樂、ＡＰＡ傳統慶典（今年主題是：共同願景、共同任務、共同聲音）。

第一次看這份行事曆，只看到這些消息的表面，覺得有幾項活動挺有意思。第二次看時，對多元文化認識不清的我，腦袋裡浮出一個直接的問題：「APA到底是什麼?」

「亞太裔美國人」一詞已經是太過籠統的通稱，APA更只是這通稱的無靈魂的簡稱。我知道這是爲了印刷和言語的方便，就像《今日美國》（*USA Today*）中的USA，但把名稱截頭去尾，就縮節了意涵，降低了慶典應有的說服力量。

我同意以一種連盟形式——組織之間的政治連盟——而言，亞裔美國人意識可能很重要。但是這些人想要大家視之爲不僅是一個連盟，而且是一個種族，一個有「共同願景、共同任務、共同聲音」的獨立實體。一個種族應該比較原始，不是臨時的技術性結盟。一個種族存在就是存在，不需要任何理由。種族舉行慶典是慶祝其傳統，因爲有傳統。不僅如此，舉行慶典是給傳統滋養，使其長存。這正是讓我躊躇之處。

哈里斯(Daniel Harris)在一本叫做《同性戀文化的興衰》(*The Rise and Fall of Gay Culture*)的書中，形容同性戀社群長期與世隔絕，結果促成獨具創意而

尖銳鮮明的同性戀文化。現在社會漸漸對同性戀不那麼排斥了，哈里斯說，這種次文化的要素被主流文化取代，亦即被同化了。他惋惜這情況，因爲在他看來，一種眞正的文化遺產就此消失。不過他並不因此希望回到原先同性戀受擠壓的原點。他不能不承認，同性戀文化已沒有必要存在，這是成功，也是悲劇。

我舉出同性戀文化的例子，是因爲這裡有身分認同的大問題：沒有了歧視，少數民族還有必要保持獨特的文化嗎？本來把少數民族圍在外面的牆，是否有必要保留，好讓他們圈住自己的文化？身分認同像一座監獄，我們是否應改變態度，把它當成家？許多慶祝亞太裔美國人傳統月的人，對以上問題都可能會答「是」。

我並不是暗示亞裔美國人現今已不受歧視，也不是說大多數亞裔美國人活動份子主張文化隔離，更不是說同性戀社群提供亞裔社群很好的榜樣。我只是說，亞裔美國人現在不必像以前那麼孤立。他們——我們——所受的歧視和厭惡，沒有嚴重到教人想躲藏起來，尤其是第二代，是全美亞裔國家種族說的主導者。發明與維持泛亞裔認同的意義僅在於：提供一個選擇，不是命令。

不過想想，這選擇簡直像一個反射，是對混同的補償性反映。我不太樂意以亞裔美國人自居，不是因爲這樣一來我便和在某些方面與我相似的人連結在一起，而是因爲與我連結在一起的人，與我相似之處僅限於皮膚、髮色、眼型等等。這些，正是從前被當成恥辱烙印的基礎。朝前走是自然的，甚至是必要的。但把這些遺傳因素反過來當成「亞裔美國人之榮光」則太過脆弱，因爲它只不過是把恥辱顚倒來看，其間並無光榮可言。

亞裔美國人當然有各種心態：赤誠的、隨便的、基於信念的、基於習慣的。種族認同也不是非此即彼，沒有彈性。但我愈透露出自己「內心的亞裔人」，我愈覺得自己不夠誠懇，好像我在給不知有沒有的傷處貼膏藥。與我外貌相似的那些人有沒有受到排斥及次等待遇，我不知道，但我卻在爲這假設的傷痛記憶療傷止痛。這傷痛的記憶是我的嗎？我的「亞太裔」身分還有沒有別的意義？

10

亞裔美國人文化，所少的正是文化。

這說法初聽荒謬。亞裔美國人沒文化？禪宗佛教、風水、卡拉ＯＫ店不是嗎？呃，是。但是，這些，以及亞裔美國人繼承的其他文化，都是各族的東西。舉例說，華人的民俗是華人的，不是「亞裔的」。越南人有越南人的節日，韓國人有韓國人的語言，日本人有日本人的服裝。至於泛亞裔的文化，卻是沒有。有位亞裔美國人活動份子說得好：「我想亞裔美國文化就是亞裔美國人所做的一切。如此而已。」

同樣的道理，是否也適用於「亞裔美國歷史」？朗諾．長木(Ronald Takaki)所著亞裔美國人簡史《異國來的陌生人》(*Strangers from a Different Shore*)有其不可否認的動人力量。華工建築鐵路、挑戰歧視性的法律，日裔美國人在第二次世界大戰中，爲原則也爲國家奮鬥。大家都應該知道這些故事，但以「亞裔美國歷史」這個大標題冠在這些史實之上，似乎有些落伍的感覺，好像是以微妙的方式，把當前泛族裔的心態，建立在各族群過去的經驗上。這是以追溯方式創造共同記憶。

共同的記憶與個人的記憶一樣，當然是可以事後重建的。但如果是產生於過往的共同行動或共有的體驗，則力量會強大得多。而亞裔美國人共有的行動

與體驗僅限於過去二、三十年。因此，與黑人或猶太人，甚至拉丁族裔相比，亞裔美國人的認同顯得很不協調。黑人有兩百年來共同培養出的特有文化詞語，亞裔人沒有；猶太人有共同的宗教與歷史傳承，亞裔人沒有；拉丁族裔雖然也是最近才創生的族群，卻有共同的語言基礎，亞裔人沒有。亞裔美國人以共同受過的歧視爲其認同之骨架，卻沒有文化內涵作爲血肉。

我認爲，不如來慶祝韓國或越南或華人傳統，還比較有意義些——它們有獨特的文化意涵，不僅只是一個標籤。不過，我並不只是反對ＡＰＡ這個標籤，我反對貼標籤這種心態。渴望有族裔傳統就是渴望分類，渴望確定一個位置。「傳統」給我們可用的過去，很方便地用顏色標示出來。但我們——各種膚色的人——怎樣創造出可行的未來，傳統卻沒告訴我們。

我承認：當我讀到第二代日裔美國人怎樣在本世紀中期成長的故事，當我讀印度移民在美國奮鬥求生的短篇小說，或當我讀這些移民的兒女所寫、關於失與得的詩時，我覺得與我有關。我很容易理解書中角色，仿如見到我自己家人的臉，聽到他們的聲音。我幼年時的氣味、紋理和音韻立即出現在眼前。這是一種泛文化的知識，是泛亞裔可以共享的心意相通，很值得珍惜。

但是到底，心意相通不應只限於表面。移民的經驗、代溝衝突、語言障礙以及孤立排斥，並不是亞裔或任何種族僅有的內涵。我欽佩討論這些主題的很多亞裔美國作家。我讀李章萊(Chang-Rae Lee)的書百讀不厭，我喜歡吉希·任(Gish Jen)的作品，大衛·村(David Mura)和王雄(Shawn Wong)的作品也很動人。但是，我所讀過最能引起我共鳴的，有關少年傳承的描寫，是在像羅斯所著《波特諾的控訴》(Philip Roth: *Portnoy's Complaint*)，或蓋次所著《有色人種》(Henry Louis Gates, Jr.: *Colored People*)，或拉綴古茲所著《渴求記憶》(Richard Rodriguez: *Hunger of Memory*)，或波多瑞茲所著《卓然有成》(Norman Podhoretz: *Making It*)這些書裡面。

因此，我以最簡單的方式定義我的身分：我認同什麼人，我就是與他同類。而我認同能感動我的人。

11

在今天文化、血統和理念狂亂混合重組的時代，沒有一種身分認同是穩定的。世事分崩離析，再造更新。每個種族都含有自我破壞的種子。

今天，三十五歲以下的亞裔美國人，將近一半娶或嫁非亞裔人。種族的意義勢將迅速改變。同時，愈來愈多人離開「亞裔美國人」的旗幟，重回自己民族的小社群裡去，像印度人、菲律賓人、韓國人等，覺得這面旗幟是以華人與日本人爲主秀，他們在底下有時有點多餘。另一方面，由於大批移民湧入，亞裔美國人現在有三分之二是國外出生，他們不喜歡也不想把自己歸入「泛亞裔」的族類。還有一點是全球資本主義像加速打轉的漩渦，把重要的亞裔美國人文化變成亞／美文化(Asian / American culture)：直接來自亞洲的新潮時尚；不是亞裔也一樣會喜歡或參與的事物。

簡言之，亞裔美國人現有的身分意識可能維持不了一個世代。這使我這樣不以此意識爲然的人疑慮更深——但也更抱希望。創造出這樣一個種族有其意義，因爲它實現了時代的精神：補償過去、反抗現狀、要求認可。種族的興衰反映出這種精神的改變。如果說「向白看齊」是昔日美國生活的主調，有色人種是反調，下一個調子便是合成。有朝一日，我的子女和孫輩，也就是「合成」的未來，會覺得「亞裔美國人」像是繭，有用，但終要破之而出。如此，種族的未來可能正反映種族的面貌：已不可辨識，不須認可。

12

我正對一群學生講話。他們是中西部一所小型大學的一、二年級學生，這是亞太裔美國人傳統月活動之一，這些學生是亞裔學生會的會員。我來跟他們談如何參與政治、擔任公職。

亞裔美國人通常在大學時代覺醒自己的歸屬，成爲亞美人。但這所大學沒有這現象。這些學生因此可能仰望我給他們指引。雖然沒說，他們顯然想知道我能給他們什麼。在這以白人爲主的校園裡，他們的人數很少，他們想知道，除了豐盛的便餐以外，還有什麼可以使他們聚在一起。

一時之間我很想對他們大談「個人」福音，談「無阻礙的自我」如何可以超越種族瑣念。我考慮告訴他們亞裔美國人意識只是一艘漏水的船，他們最好學會游泳。可是我沒敢說這些，因爲我自己也有點拿不定主意。於是我告訴他們，如果選擇接受亞裔美國人的身分，應該探討其意義，不然便以他們選擇的方式表達自己，只要他們覺得樂意便好。

之後，我與幾個學生一起在當地一家日本館子晚餐。館子很好，寬敞安

靜。點過菜，學生裡最年長的一位正式向我道謝，謝我到他們學校來。有幾分鐘，他們的注意力集中在我身上。他們問我的工作、我的意見。但很快，他們就彼此談起來，兩、三組談話在進行，笑著、講故事、調情。我不介意。畢竟我於他們是陌生人，不知道他們的故事。我只是偶然來此。於是我往後寬坐，不說話，看他們分享食物。

4

中國城

一般人總想像，中國城的象徵意義勝過實質內涵——

它象徵神祕東方的異國風情。

我們去中國城，不僅是去閒逛，我們覺得它自有其生命，

就像貧民區或中產郊區有其獨特意涵一樣。

在中國城，我們感受到它的奇習怪俗，覺得其中蘊含意義與教訓。

有一張地圖。我在讀一本關於中國城的書，有一張曼哈頓下城的地圖，標示出「華裔人口」占百分之四十六以上的區域。很整齊，成黑白長方形，像人口統計學者假想中的規律形態，可是又完全正確。這就是我們心目中的中國城，我們希望它如此：迥異的街區，明顯的區隔，自成其格局。這地圖自無法顯示街區的居民與建築，說不出這些古老房屋的歷史，透露不出私人生活的艱苦。但它確實以嚴密的製圖，描出那喜歡劃分清楚的心態，那讓中國城顯得如此自成一國的心態：悲涼的精密準確，悲涼的涇渭分明。畢竟，這是我們自己隔絕的靈魂的地圖。

* * *

在我所成長的那種郊區，中國餐館像被從中國城放逐出來，漂流到長條狀商場中，很費力地宣揚所提供的是「道地中國菜」。但在中國城，就沒必要做這種廣告，就像在中國不需要如此宣示一樣。眾人皆知中國城是道地的：食物、居民、生活方式，這就是眞正的華人方式。

幼小時，一家人曾去賓州蘭開斯特郡「阿米許人鄉村」玩過一天，至今記

憶鮮明。（譯按：阿米許Amish，居住賓州，堅持過簡樸古老、與世隔絕生活的一種荷蘭裔教派）我穿著綠黃條紋的襯衫，藍短褲，新的彪馬牌運動鞋，戴一頂洋基棒球帽。記得我們開車在一條塵土飛揚的鄉道上，兩旁阿米許人戴黑帽、穿黑背心，打穀場的氣味四處瀰漫。馬拉的貨車嘎嘎作響，東倒西歪地擦身而過。但我記憶最深刻的，是與一個年齡與我相仿的阿米許男孩四目交投。他瞪著我瞧，蒼白而無表情的臉，好像是歷史書上的。在我看來，這是一個已死的男孩，活在別人的過往裡。而我，在他眼中一定是同樣古怪：一張怪異的未來之臉，好像還沒眞正到來，然而又已自他面前走過。

這場遭遇在我心中留下印象。我們離去時，我請父親在紀念品店給我買一個娃娃，穿著全套服裝的塑膠阿米許男孩。我帶著娃娃回家，把它安放在盒子裡。

我猜，大家都喜歡有自己的阿米許：未經世故的純潔、朝聖之旅的紀念碑、無可修復的同化遺跡。但是在內心深處，我們覺得我們所注視的那東西有自己的眼睛，他們無法解讀的生命腳本似乎比我們所知意味深長。

* * *

二十多年來，我的外婆住在紐約中國城邊緣一間單臥室公寓裡。她住在二十樓，從面北的客廳向外看，屋宇連綿，直到遠處的帝國大廈。這是她獨有的景觀，在她下面那層樓就沒有可看的了。這棟大樓是一九七〇年代蓋的國民住宅，位在下城東區的東南面，南街與克林頓街口。照房地產經紀的說法，此地距布魯克林橋與南街海港都只有幾分鐘路程，不過這些地標她並不關心，與內布拉斯加州也就差不多一樣遠。這些地方都不屬於婆婆所住的世界。她的世界，在她生命的最後幾年，我每幾個月就去造訪一次。

我的造訪有定規可循。我總在中午左右到她公寓，敲門時會聽到她興奮地匆匆趕來。打開門，我總是像第一次看見似地，驚訝於她的矮小：四呎九（約一百四十七公分），還在縮。她穿著鬆侉侉的尼龍衣服，戴著不合適的老式眼鏡，把一張溫柔、皺褶的臉都遮住了。這張臉活像我自己小學二年級的照片。「欸，婆婆，你好嗎？」我彎下腰去摟抱她，她格格地笑。她頑皮地笑著，捏起嗓子喊我的英文名字：艾瑞克。她覺得這樣好玩。她踩著小腳進廚房，照顧

她的李太太正在那裡做午飯。我則進浴室去洗手，這是婆婆家的規矩：進門先洗手。

小浴室裡有她的日常生活用品：磨損了的牙刷，插在一九七九年我送給她的「星艦迷航記」塑膠杯裡，毛巾僵硬，古老的褲襪掛在晾衣繩上，藥瓶子和染髮劑擠在洗臉台上。我常在那裡發起呆來，看著霧翳的鏡子裡自己的臉，深呼吸一、兩口，然後走回客廳。客廳很整潔，但看起來灰濁。有些家具——凹凸不平的沙發，擺著舊雜誌和陳年糖果的茶几，她拿著放大鏡坐在上面讀中文報紙的布椅子——是打我有記憶起就在那裡的。窗台上擺滿花草，粉刷得厚厚的白牆上唯一的裝飾是一本月曆。「你的屋子真好，」我會用國語溫柔地對她說。只有對她，我這樣說話。我身邊一幅相框，裡面是褪了色的黑白照片，和我一樣審視著這景象的，是婆婆年輕美麗的時候，穿著旗袍。「來吃吧，」婆婆招呼我。

廚房的小餐桌上總是有一席豐盛的菜等著我：紅燒牛肉、清蒸魚、炒芥蘭、蘿蔔冬瓜雞湯、麻婆豆腐、鹽酥蝦。婆婆吃得很少，而李太太則照規矩不肯與我們同桌吃飯，所以一桌菜就靠我橫掃千軍了。我狼吞虎嚥，半小時內便

放鬆皮帶，吃完後更是靠在椅子上不能動彈。不管我吃了多少，婆婆總是表示失望，說我食量小。

我吃時，她興奮地說個不停，大談中國政治、香港歌星、台灣近況。過了一會兒，她講起我從來沒見過的遠親，我幼小時便去世的外公，被共產黨害死的異母兄弟。接著又談到她的朋友，住在法拉盛或中國城另一邊的朋友們，一個一個都死了。又說她在一九八八年動過癌症手術後，看到耶穌，金髮的耶穌顯現，用中文對她說：「你是好人，命不該絕。別人都不知道你的好，只有我知道得最清楚。」我靜靜坐著，不知該不該露出微笑。但就在她快要淚水盈眶時，她啜一口七喜汽水，改換話題，也許說起她仰慕的女豪傑，緬甸異議領袖翁山蘇姬。婆婆很能說，像個演員般手眼並用，蓄積起潮水般的能量，強烈而富想像力，像個孩子。

我通常無話可答，只偶然應一聲「哦？」「哇！」她的四川口音我不太懂，只靠前後文來猜她說了些什麼。一直到我帶了女朋友去看婆婆，我才領悟我聽得多麼霧煞煞。「她說什麼？」凱若問我。「嗯，關於，關於，我想是台灣總統。」當然，婆婆恐怕也不管我聽不聽得懂。如果我插嘴，她會很快把我

打斷：「不是這樣。」我難得與她談話，覺得這習慣挺親切，一輩子與她相處的母親可受不了。

若出現空檔，我便問起婆婆的健康，她會自椅子上跳起來，手扶著櫃台踢腿。「我每天早上五點鐘做這個十次，」她會驕傲地說：「然後做這個，」她伸臂如樹枝，指尖打轉。「上週我頭疼，我就這樣揉眼睛三十六下。」不多久，我也站起來了，一邊笑，一邊揉呀、踢呀的，婆婆教我健身操。我每次去都這樣，像儀式似的。

在婆婆家，時間過得很慢。午餐後，我們並坐在沙發上，或到她房間去，好告訴我她不想讓李太太聽到的事。我們休息、消化，談話漸漸深入。我會從包包裡拿出給她的小東西：凱若與我的合照，或最近出去度假買的紀念品。她則給我看她用文言文寫的幾首詩，潦草地寫在攜帶型衛生紙的長方形盒子上。她會追述是怎樣見景生情，寫下這首或那首詩的。之後她會打開一本筆記本，裡面是新的剪貼，和她從中文報紙學英文專欄上抄下來的成語或句子："Let's get a move on."（我們往前。）"I don't like the looks of this."（我覺得看起來不對。）我要她唸，她會試著大聲唸。我熱烈讚美她，她便格格地笑。接著她又

給我看別的東西，也許是一本相簿，也許是一本關於氣功的書。

有一天她向我透露她獨特的禱告方式，示範給我看她怎樣夜晚坐在床邊，雙手互扣，鞠躬如拜佛，用破碎的英語重覆地說：「上帝保佑？上帝保佑？上帝保佑？」又一次，她急著唸一篇短篇故事給我聽，是讓她感動掉淚的文章，但我簡直聽不懂一個字。還有一次我在那裡時，她坐在我旁邊睡著了，眼鏡還掛在臉上，頭往下垂。過了幾個鐘頭，到了我該走的時候了——意思是，到了我決定走的時候，因為她希望我永遠也不走——我便緊緊摟著她，拍拍她佝僂的背，說我愛她，會想她。拘謹內斂的婆婆會點點頭，塞一個紅包在我手裡，用中文小聲說：「眞希望我有翅膀，可以來看你住的地方。」

* * *

導遊書會告訴你，遊中國城重在體驗：「對所有感官的襲擊。」浮德指南(Fodor's)如是說。爆竹像廉價彈藥爆開，陌生的語言在每個角落嗡嗡作響，紅與金交映的燈籠，龍飛鳳舞的霓虹字，坐黑轎車的幫派份子，骯髒的窗子後面吊著烤鴨。炒菜的油煙味、燃香與垃圾的氣味飄浮空中。廚子的鍋鏟敲得砰砰

響。鐃鈸聲與鼓聲，翻騰如浪生氣盎然的節慶舞龍。

有時候我想：舉著龍的都是些什麼人？是誰的腳、誰的腿，讓這巨龍舞得這麼帶勁？藏在這神話怪獸底下的，是什麼樣的一些臉孔？

* * *

婆婆這些年來學到的英文格言中，最得她心的大概要數這句：「走到東、走到西，自己的老家最合意。」（"East, West, home is best."）至於她是眞這麼想還是說反話，我就不得而知了。

閨名余敏，人稱涂太太的婆婆，一九一四年出生於四川成都。大學時代，這嬌俏的女學生逃家去嫁給她的教授，永遠沒再回家。教歐洲史的教授好沉思而富於理想，深厭舊中國的虛僞與腐化，他倆是新潮西化的一對。那些年中國動盪不安，戰爭、侵略與政治陰謀耗損國力。他們遷移：到南京、到重慶、到西安、到蘭州，最後到台北。外公死後，婆婆在台北獨居了一段時期，後來她決定展開新生活，到美國來試試運氣。衝動任性的婆婆穿著一件及地長旗袍上飛機，到美國來與我們同住——母親是她的獨生女兒。我們住在波吉普賽那條

安靜的街道上。但她其實沒想清楚。她不會講英文，在紐約上州她沒有熟人，她沒法獨立生活。

於是她又搬家了。她有一個朋友，也是外公從前的學生，在紐約市政府做事。他幫忙把她的名字放在中國城新建國民住宅的優先分配名單上。婆婆不會講廣東話，對紐約或中國城也無所知，但至少在那裡她可以自己過活，那裡的基本語彙她總是懂的。

她的餘生都在中國城度過。二十年。她交到一些朋友，熟悉了地方。她參加了教會，教會裡的人對涂老太太很好。漸漸她有一家偏愛的餐館，一位合得來的醫生，一個常去的報攤，一個愛逛的市場和一家常光顧的服裝店。這些都是「家」的要素。但她住在中國城，是因爲對那裡有感情，還是只因住在那裡，那裡成了家？細究起來，我覺得她其實想去別的地方。

母親告訴我，婆婆剛搬到中國城時，有很多創業計畫：賣自製食物、投資打麻將贏來的錢。她有大夢。但隨著時光流逝，夢漸褪色。她欠缺手段，也沒有實現夢想的意志。她已六十幾，遷徙多次。有一陣子，爲了打發時間，她在一家成衣廠做拆線工作。我是最近才聽說的，我很驚訝，因爲我從沒想過婆婆

會是做勞力工作的人；從沒想到她有野心，更別說是沒能實現的野心。我在一份關於中國城剝削勞力的工廠的研究中讀到，拆線這工作是專給「獨居老婦」做的。

後來婆婆不做事了，每天固定去看朋友、讀報紙、買東西。她很少離開中國城。她一定體會到，美國給她的不是第二人生，而是回到她已有人生的原點。由東到西，又回到東：總是在動，總是在流亡。我從來沒問她，她恆動不息的心有沒有回家。

* * *

一般人總想像，中國城的象徵意義勝過實質內涵——它象徵神祕東方的異國風情。我們去中國城，不僅是去閒逛，我們覺得它自有其生命，就像貧民區或中產郊區有其獨特意涵一樣。在中國城，我們感受到它的奇習怪俗，覺得其中蘊含意義與教訓。

一般人對中國城的想像是，住在那裡的人不應偏離「舊中國」的傳統一點點，除非我們要他們改變。想想在舊金山發生過的「生宰」爭議——中國城的

屠夫圈養著動物（雞、兔、烏龜，隨你說），現宰現賣，保證新鮮。本地報紙的報導可能產生可笑的愛恨交織感：一方面很不以爲然，認爲危害公共衛生且侵犯動物權利；另一方面又有刺激甚至敬畏之感，因爲這正是中國城之所以如此怪異、離奇的地方。「如果這古老的中國民俗消失，那多可惜呀——可是非得讓它消失不可！」「現代與傳統對立——不可避免的悲劇衝突！但是讓我們再看一眼這些人和他們奇異的風俗吧……。」

對中國城的想像還有一點，即住在那裡的人不僅不可測，且不在乎。中國城自顧自存在，對全世界沒興趣，是現代之海中的永恆之島。它既遲鈍又活潑，因此這麼多電影都以它爲背景：它是細緻繁複的舞台布景，充滿濃郁的氣氛與多彩的道具。那裡的人也是道具——老婦、兒童，所有的人——都像是畫的，像卡通，在走動、聊天，但不應該有他們自己的故事。他們的存在主要是讓美國角色能從他們身邊經過，或穿透他們、在他們四周打轉。

最後一點，對中國城的意像是，中國城自己決定排除在美國之外；它純是中國家族觀與孤立心態的產品。這可能是最殘酷的神話。因爲中國城如果不純屬於美國，就不是中國城。至於孤立心態，也不是只有華人才有。

他們來加州山區淘金，或來鋪設橫越內華達山的鐵路。通常單身前來，無妻無室。在棲身的城市裡，他們聚集。但他們不出自己的小範圍——法律不許、習俗不同、別人會欺凌。有時他們全體被趕走，像一八八六年在西雅圖，被裝上汽船，像貨物一樣地被運走。在白人眼中，他們不是人，而是支那人，非我族類。勞力市場不要他們，只好撿拾人家不做的工來做：洗衣、餐館。他們不准擁有公民權，但卻要繳人頭稅，受法令管制。爲了自衛，他們以宗室鄉親爲依據組織起來。但這樣的結社聯誼正印證了白人的疑懼，說他們必懷鬼胎。華人對這疑懼的反應是更緊密地結合，結果在上一世紀，便產生了在舊金山、紐約、西雅圖、波士頓和其他城市的中國城。

一八八二年禁絕中國勞工移民美國——此禁令一直到一九四三年才解除——，一整代流離的華工面臨兩難：要嘛空手還鄉，要嘛留下來，打一輩子光棍。有一半留下來了，因爲太窮，回不了鄉，掙扎求生，做著發財夢，但漸漸向命運屈服。他們講故事、賭博、做夢，打發時間。到本世紀初，在紐約中國

城，男女性比例是一百一十比一。第二次大戰前夕，這些光棍都已垂垂老矣，夢，早已忘懷。

那是老的中國城，本應歸於塵土，像美國都市裡以前的其他族裔聚集區一樣（不同的是，愛爾蘭人和猶太人的聚落是因同化而消失，中國城卻是因被圍堵而滅絕）。但是戰後，尤其是一九六五年移民法改革，廢除偏愛歐洲人的配額制以後，新血湧入：中國來的女人和孩子，美國出生的華人醫生、律師與推銷員，一心改革的亞裔美國人運動份子，尋找資金出處的香港大亨，拚命找工作的無技術工人，全都來到中國城的街巷裡。結果是，這幾十年來，紐約中國城復興。

「新中國城」是個活躍繁忙的地方：古董店、餐館、書局、生鮮市場櫛比鱗次，經濟與人口都在膨脹，邊界向外擴張。它已成爲主要觀光地點，可也是代代相傳的活潑社區。新的方言和各種生活形態湧現，新來「福佬」與廣東「土著」擠在一塊兒，華裔美國青少年一次又一次改變他們對哪種髮式、哪種姿態、哪種服裝最酷的意見。總是有兒女離家去念大學、舉家遷移至郊區或至少搬到布魯克林區去。中國城汰舊換新，生生不息。

可是這地方仍籠罩著昔日的陰影。不只是有些街道的赤褐色砂石老舊，還有讓這裡每一棟建築全住著華人的心態。

就某些方面而言，今日的中國城還是跟上個世紀一樣，與世隔絕、幽閉自守。新移民湧入對它有好處，但這些新移民大都沒有技術，尤其欠缺英語能力，因此離不開中國城。他們留在這個封閉的經濟體裡，華人雇用華人也剝削華人，不需要說英語，電視機傳揚的美國夢像遠處的海市蜃樓。他們困居其中，數目不詳的非法移民更是如此。彼得・鄺在他所著《禁工》(Peter Kwong: *Forbidden Workers*)一書中報導，非法移民是近年來由國際精密組織走私進來，進入地下體系，當奴工販賣，所受待遇之惡劣，全美國只有中國城容許其存在。

這正是其問題所在。新的中國城，與舊的一樣，顯然不屬於美國。它是三不管地帶，法律不行、習俗當道。在政府懷有偏見的眼中，中國城是「自治區」。工資太低、壓榨童工？不，華人對苦工有不同標準。要脅勒索？華人怎麼做生意我們管不著。偶然，像一九九三年發生一艘船載來整船中國奴工到紐約的事件，會引起媒體與政界表示憤怒，呼籲改善。但大部分時候，我們任由

中國城的華人照老規矩互相「照顧」。

畢竟，他們不是人，只是支那人。他們有自己的權責觀念，有自己獨特的方法，有一個半世紀來累積成的傳統，所以我們不要問。我們不問是誰住在我們走過的店面後面或下面。我們只要能吃到便宜食物、買到便宜衣服就好了。我們的開明心態也是便宜貨，在中國城中心撿來的。

＊　＊　＊

又一次全家出去玩，進了城。是星期六。那年我十二歲，白天我們做了什麼，只有模糊印象——第五大道，可能去了。還有博物館，中央公園、卡內基廳。但我清楚記得當晚我們去了中國城。

我們在一條偏街上停下車，陰暗、彎曲的街道上到處是中文招牌，路邊停滿了別克、雪佛蘭等車。車牌上的「紐約，帝國」字樣與這地方很不協調，像外國來的。我們走了幾條街，到東百老滙。人行道上熙來攘往，汗臭、口臭、陳年香水味、豬排味陣陣撲鼻。那是深秋，我的臉頰凍得發麻，但四周的喧囂使這地方有一種奇異的溫暖。雖然是晚上，景象卻亮晃晃如舞台，因爲每個攤

子上都掛著日光燈。小販排列街道兩旁，賣熱騰騰的饅頭包子，雞爪和仿冒名牌皮包。有些路人移動緩慢，有的一個攤子一個攤子駐足，檢查蔬菜，跟魚販討價還價，大聲交談。我努力想聽懂四面八方傳來的廣東口音，但太多腔調我聽不懂：我的耳朵未經訓練，什麼也聽不出來。

這是我第一次天黑以後來中國城。媽牽著安綴雅的手，叫我緊緊跟著。人群推擠擦撞，對我們視若無睹。我緊張戒備。一個攤子上擺著中文版《花花公子》雜誌，經過時我伸長了脖子看。我側臉看街角一群十幾歲的小混混，他們抽菸、穿皮夾克的樣子顯得邪惡，但不成鬍鬚的小鬍子和燙得過捲的頭髮使他們看起來有點好笑。不管怎樣，我離他們遠遠的。我也注視地面，以免人行道上的污水弄髒鞋子。帶惡臭的污水從巷道裡直流到沿街擺放的垃圾袋去。

我記得那晚走進兩家店。一家是遠東書城，在一幢舊樓的二樓。一進店門，街上的噪音便消失了。店面寬敞明亮，活像社區圖書館，齊胸高的書架一排一排，顧客坐在書架間的窄道上專心看書。若有人說話，也很小聲。媽和爸各找到一本吸引他們的書，站在那裡讀。妹妹和我則在書架間跑來跑去，尋找有限的英文字和我們看得懂的中文字。最後我來到童書區，翻閱一本關於三隻

老虎的畫冊，看不懂。不久我便拉扯著爸爸的衣服，吵著到別處去。

另一家店是金門市場，我喜歡多了。很吵鬧，顧客鑽來鑽去。地面層是各種各樣不會壞的中國東西：乾香菇、牛肉乾、海帶、豬肉絲，打開的一箱一箱豆瓣醬、芝麻醬，甜食，像白兔牌牛奶口香糖、椰子糖、山楂片，一袋一袋的中國花生、瓜子。走一道窄梯下去，是一屋子的電鍋、象牙筷、碗盤，炒菜鍋掛在牆上。媽仔細挑選了一組飯碗和菜盤。我跟著她到結帳處，一大堆人排著隊。我們拿著一整籃的雜貨，都是波吉普賽找不到的。我驚異地看著店員用算盤算帳。

我們是來這家店，以及中國城，採辦中國東西：吃的、穿的及其他。我們從無色的外圍郊區來到源頭，沉浸在一池未稀釋的中國風味裡。我的父母當然較容易融入，因爲他們能解碼、能溝通。但就連我，這個與祖先文化的關係已經退化到僅有一點點興趣的我，都覺得去一趟中國城，加強了我的華人意識。

但我們知道不能久留——也不想久留。我們是華人，但還是外人。每當小販對我們講廣東話時，這就變得很明顯。中國城的華人看起來如此熟悉，又如此不同，像扭曲了的鏡影。他們的臉是另外一種牌子的華人臉，比較粗糙，我

看得入迷。我喜歡與他們有關，但是因爲我們有共同點，還是因爲我們不同？自那晚起，我開始區別我的世界與他們的世界。

也是那晚，我們往東百老匯走去時，忽然冒出一張我們認識的臉。是婆婆。我們先看見她，她才看見我們。她眼裡有驚訝，然後，從罩頭帽下往上窺時，有受傷的神情。大家擁抱微笑，但是尷尬。媽解釋：我們原是去上城，臨時決定來中國城，不敢冒昧去打擾她。婆婆點點頭。大家閒聊了幾句，但想到我們來觀光的事物是她的日常生活，而我們之間的距離並不僅僅是那一百英里的空間，像紙燒著了火般燒灼我們的心。我們逗留了一會兒，人潮自我們身邊淌過，然後便分手了。

後來，長途開車回家的路上，我們沒談碰到婆婆的事。我們什麼也沒多談。車開出中國城，加速上羅斯福道，過橋。我密切注視著窗外。從曼哈頓進入布朗克斯，從布朗克斯進入洋客，朝北往杜切斯郡奔馳時，大道兩旁房舍零星，我張著嘴，沉入很深的睡眠，直到回到「快活林」(Merrywood)，我們自己的安全小窩，才醒過來。我記得回到家的歡慰：天空繁星點點，草坪像沐浴在月光下的地毯。車開進平坦的車道。萬籟俱寂，夜已深，我恐怕從沒這麼晚不睡過。不過，上床以前我還是洗了個澡。

* * *

天安門廣場大得像停車場。緩步行過，我看見別的觀光客：中國人，來自外省，來自南方。頭髮和衣服都揉縐得像是剛起床，或剛下火車。恐怕實情正是如此。他們身上髒兮兮的，盯著我的佳能自動照相機看，或盯著毛澤東紀念堂附近穿著制服的士兵看，或盯著穿著裙子要去上班的年輕女人看，臉上全帶著毫不遮掩的迷惑表情。

人依經驗判斷事物。我第一次去香港時，覺得它像中國城減掉紐約加上拉斯維加斯。對這些鄉下農夫，眼前所見要以什麼參考點來衡估？有什麼前例可循，來了解我是怎麼回事？

我告訴自己，我認識他們的眼睛：他們是中國城來的。他們的眼睛在說：他們向世界屈服，而不打算屈服世界。那是飽經滄桑，深知自己無力的眼睛。世故、不抱無謂期望、滿足於微小瑣事。忽然一個意念浮現：也許這些人根本不是觀光客，而是遊民，流民，絕望的夢想者。我更仔細看。現在我不敢說他們的眼睛表達了什麼了。

有一次，在北京時，吉米·卡特誠懇請求鄧小平勿再限制人民移往西方。鄧問道：「你要多少中國人？」

中國將其膨脹的國營企業開放民營，資本主義在東南省份如火燎原，上千萬中國人在此風潮下離鄉背井。這些所謂流動人口——追尋財富的農民、工人，毫無技術只知刻苦耐勞——在各大都市邊緣就地落戶。他們把火車站和汽車站都擠爆了。他們也想盡辦法，到美國去。中國拋出的，中國城接納。

* * *

我去婆婆的故鄉成都玩時，用掉好幾捲底片。我對準腳踏車海與鮮血淋漓的肉品市場拍，這一切看起來眞完美：好外孫爲流亡的外婆重拾失落的中國。當然，中國變了。多次革命的殘跡堆砌起來。但我想，她總能辨識一些吧——一座山、一灣水、一片屋頂。幾個月後我把這些照片給她看，她卻打呵欠：「我不知道這地方，」她說。

* * *

一種說法：中國城是繁榮、自足的社區，是美國化的新典型，不須落入主流文化即可融入的方式。它是少數民族成就的新例，由華人企業家與工人建立的「角隅經濟」(enclave economy)。它是自治的典範，全球離散的華人資金與人口湧入使之膨脹。

另一種說法：中國城是污穢、殘酷的陰暗世界，是無數看不見的苦工推出給人參觀的表面和樂村莊。它是剝削機器，由工頭督導著讓成衣廠維持運轉，廚房鍋鑊繼續敲響，房屋繼續塞滿住客。它是勤勉、團結這類「華人精神」的假象。

哪一種說法對？社會學家激烈爭論。周民在〈中國城：都市角隅的社經潛能〉（Min Zhou: *Chinatown: The Socioeconomic Potential of an Urban Enclave*）文中首先畫出一幅概略圖。彼得．鄺則在〈新中國城與禁工〉（*The New Chinatown and Forbidden Workers*）繪出第二幅。兩人都住在紐約的中國城，或在那裡工作；兩人都是嚴謹的學者，但是，兩人都沒有掌握完全的事實。

事實並不是在兩人所述的中間，而是兩者皆有。中國城有很多面貌，我們無法一一指出。幫派的中國城、點心的中國城、自力更生的中國城、領福利金的中國城、時髦的中國城、老派的中國城、灣橋的中國城、曼哈頓的中國城、法拉盛的中國城、中國的中國城、泛亞裔的中國城、貧民區中國城、通往美國之路中國城。現在更添郊區中國城，如洛杉磯外圍的蒙特利公園市，是華人自願聚集建立的，並非情勢所迫。每個角度都有一個中國城。

我個人比較同意鄺的說法。他勇敢剝開幻象。周的研究有一些道理，用許多社會學名詞包裹吹捧之詞，讓人想起中國城的商業領袖用來呼籲工人團結效忠的說法：「華人是個大家庭！我們互助合作！」是空洞不實的高調。

但話說回來，我又憑什麼作此論斷？我只是偶然來作一日遊的訪客，從沒在壓榨人的工廠裡做過工，沒住過非法華人移民擠得像沙丁魚一樣的單臥室公寓，也沒去過幫派大哥派遣小弟去保護其勢力範圍的堂口。我不知道中國城裡無依無靠的人認爲生爲華人有何值得驕傲滿足之處。我所有的只是偏見：我深深懷疑把中國城華人團結在一起的「種族忠誠」，只不過是一種託辭，背後有看不見的因素。

歸根結柢，每個人看見他想看見的中國城。但相對地，中國城也看著我們，知道我們的想法多麼不符實情。

＊　＊　＊

我認識一個很了不起的女人，在中國城做事，名字叫董春。她是華人職工協會的理事長，這是一個非營利性質的小組織，由中國城的許多侍應生、建築工人、女裁縫等人組成，一般人稱爲「華職」(Chinese Staff)。會址在凱瑟琳街一棟廢樓後面的小辦公室。自一九八一年創立以來，「華職」參與了一些中國城的經濟爭議。爲迫使餐館與成衣廠遵守勞工法，「華職」發起遊行示威，向媒體發布新聞，幫助工人組織工會。

一九九六年，「華職」辦公室被投擲汽油彈。董春漫不在乎地提起此事。她心直口快，臉孔年輕，聲音渾厚。說話有種口音，像是第一代半的移民，不全然土生土長。

她告訴我，她是西貢出生的，家裡是商人階級的華裔。六歲時，家人坐船逃離越南。那是一九七八年。他們在馬來西亞的難民營住了兩年，才得到美國

收容。她在賓州雷丁鎮外一個白人小城長大，後來進了紐約大學，首次見識到中國城。她大受吸引，覺得那地方迷人極了。她從沒見過這樣的華人。以後她常去，一天有人給她一張「華職」的傳單，她去參加了會議，以後又去了幾次，看到中國城的另一面。她開始積極參與。大學畢業後她辭去在一家大公司的工作，全天候在「華職」上班。

我和她坐在一家廣東小館裡。裱背的菜單油膩膩的，筷子黃黃的。她夾起一筷子炒南瓜，告訴我幾年前發起絕食抗議的事。我馬上理所當然地想：哦，哦，絕食抗議。

她談起與警察、餐廳經理、工廠老闆、地方政客等等權力結構的不斷衝突。在我聽起來好像抽刀斷水、螳臂擋車：對手如此無情而無孔不入。接著她回憶有一天遇見在一家大餐館推點心車的幾個人，是與她母親差不多年紀的移民女人。她們處境艱難，卻願意去遊行、去站崗、去臥街，而被捕。從那天起，董春領悟到她可以而且應該全力投入這薛西佛斯式的永無休止的工作。

聽她說時，我想到，此刻正應是我受到感召的時候，我應該效法她，走出安全的郊區第二代生活圈，做更多事情，而不僅是寫出這些不公不義的現象。

但我沒有，相反地，我寫我怎麼寫這件事的經過。

我對與董春談話的第一印象是，她比我像華人得多：她與華人社區水乳交融。她也不像我這麼精緻、這麼同化。但是有些人會覺得她很不華人：她有話即說、她抗爭、她撕破人的虛偽。她在乎的是基本道德勇氣，而不是種族。這才是她行動的根源，而不是她對中國城的了解。所以，可以這麼說：我可能比較美國化，她可能比較美國本質。

* * *

不久以前，我在婆婆住處附近待了一下午。這是她去世後我第一次來此。你可能以爲我是對她深深懷念，但其實我是爲寫此文而去蒐集資料的。重踏上我們曾緩步行過的中國城街道，我自知甚明。我看起來一定像個人類學家，在筆記本裡草草記下所見所聞。

我去了婆婆的那棟大樓，搭有炒菜味道的電梯，進通往她門口的短甬道。停了一下，我輕敲那金屬門環。沒有人應門。我四面望，注意到這甬道多麼狹窄。我又敲。在另一扇門後面，傳來一個母親的聲音，以西班牙文吼叫她的小

孩。我走開。到底下大廳時，一個華人老婦站在那裡，白髮閃亮。

我走出大廳，上了克林頓街。左轉上切瑞街，橫越過拉瓜地亞樓的前庭，這是另一棟國民住宅。這個住宅區並不壞，我才發現。小孩子在盪秋千，老人在長椅上聊天，鮮花盛開。這裡沒有白人，居民是華人、波多黎各人、黑人。在麥迪遜與拉格斯街轉角處，店前招牌開始轉變，從英文變成中英夾雜，而從這點往前，「F線」地鐵東百老匯站起，招牌幾乎全是中文。

我亂逛。走過亨利街上浸信會中國教團會堂，穿越孔子廣場。走到婆婆常帶我去吃點心的金獨角獸餐廳。經過華美銀行：婆婆在這裡用我的名字與她合開戶頭，好讓我可以繼承她存了多年的一千一百美元遺產。我從遠處望著莫貝瑞街上的華文山葬儀社，沒有勇氣走過去。

中國城的一切大致都與我記憶中一樣。我忘記的細節，我盡責地寫在本子上。但直到漫步結束，我把本子收起來以後，才看到眞正熟悉的東西：一個黑皮膚的年輕女人，穿著白襯衫。我不認識她，只知道她在做什麼。她慢慢走著，眼睛溫和地低垂下去，望向她彎腰駝背的祖母，祖母的臂挽著她，吃力地慢慢向前走。

* * *

母親和我在廚房裡削梨，脆而多汁的亞洲梨，一人一個。我們想起婆婆告訴過我們：親人勿「分梨」（分離）而食。我們談到母親早年在美國，紐約市各區都住過，在城中當檔案員，替人照顧幼童以換取食宿，存錢念大學，同時練習英語。她那時年輕，自由自在。我問媽，剛來美國時有沒有考慮住在中國城。「從來沒認眞想過，」她說。我問的原因是她現在有時會這麼考慮。

婆婆死後，本來不善規畫的母親籌畫一切。她在附近尋訪適合的葬儀社。她回波吉普賽去看墓地，好讓婆婆與我父親葬在同一個墓園。她與牧師討論，然後一個一個打電話給婆婆的朋友。

她在中國城邊緣那間公寓裡住了六天。早上她與李太太掏空櫥櫃，把東西裝箱，清理婆婆的小玩意、小紀念品。下午母親去散步，走遍中國城每一條巷弄，穿過小義大利與格林威治村，走過林肯中心，過公園。走到摩寧賽高地(Morningside Heights)，過上東城。然後，晚冬的暮色降下時，她往回走，沒有地圖，全憑記憶。晚上她在婆婆的飯桌上吃飯，凝視窗外的景色，想著有好

多事情她都沒跟婆婆說過。最後，一切都照料妥當了，她搭上早班火車回華盛頓，叫計程車回郊區，回到她所住的，乾淨磚屋組成的寧靜角隅。

5

黃色星球

我是在中國優勢時代的華裔美國人。

是華裔美國人，不是在美華人，不是美國華人，不是美國的華人。

我堅持這區分。然而中國是一塊大磁鐵，在我體內頑強悸動，

要把我的靈魂底層掀出，把我乾坤倒轉。

在歷史發展到世界上重要的事非關中國，便關美國的此時此刻，

我身為華裔美國人，這身分使我特別有價值，也使我特別脆弱。

旭日東昇

我沐浴在黃色的光線下，相貌特徵因光影而更鮮明。

我是在中國優勢時代的華裔美國人。是華裔美國人，不是在美華人，不是美國華人，不是美國的華人。我堅持這區分。然而中國是一塊大磁鐵，在我體內頑強悸動，要把我的靈魂底層掀出，把我乾坤倒轉。在歷史發展到世界上重要的事非關中國，便關美國的此時此刻，我身爲華裔美國人，這身分使我特別有價值，也使我特別脆弱。

此事史無前例。是美國人，但藉著血統與神話，與一個正從沉睡中醒來的龐大亞洲國家連結起來。這讓人有莫名的興奮。危險與機會糾纏難分。畢竟，中國是這一代最大淘金熱的現場，是新興資本家的最新邊疆（今日學生得到的建議是：學中文）。但中國，也可能是這一代最大的戰場，或至少是騷亂的來源。不管怎樣，一種未可知的極大能量在中國隆隆升起，像高漲的河水轟轟湧來，這財富與野心的狂流不能不影響我——和你。但到底怎樣影響，我還不全知道。

我只知道，我們正處於一個中間階段：中國在敵友之間；它的力量在可驚與可怖之間；它的態度在消極與積極之間。美國也正處於劇變之中：在白人的自我形象與有色的臉孔之間；在西方的迷思與東方的幻象之間。對於華裔美國人而言，與中國扯上關係是擺盪於浪漫的懷舊與疑慮的行爲之間。但這種中間階段，就像沖洗中的相片上的淺淡影像，不會久存。事情會發生，會形成。

事情會更新。中國之昇最讓人不安的一點，不僅是它使得地緣政治的權力失衡，而且是它打亂了各民族各安其位的想法。日本曾作同樣的威脅，要推翻幾世紀來白人優越、有色人種卑下的秩序。但是，日本戰敗了。四十年後，日本又隆隆而起，直到它的經濟泡沫破碎。現在，輪到中國向強權寶座挑戰。

雖然還會有別的事情發生，但很明顯，中國的昇起和「太平洋世紀」的展開會把一個問題逼到眼前：美國人是什麼；美國人能怎樣。這輪旭日東昇的好處在此，但危險也在此。

忠誠

你覺得我可怕嗎?大概不會。我的相貌很友善，至少無邪惡之色。

你覺得我像外國人嗎？這個問題有點意思了。怎樣的人看起來像外國人？當然，臉。我的皮膚是黃色的，頭髮黑而直，眼瞳褐色，眼睛杏仁狀。但這不夠。背景很重要，至少與內容一樣重要。去北京時拍的一張照片裡，我站在紫禁城外、天安門前面，我旁邊，一個中國人正經過，沒注意到照相機。他與我年紀相仿，身高、相貌都差不多。有理由猜想我們可能有親戚關係。但是這張照片裡誰是美國人卻是不言自明的事。我的衣著（大學T恤、短褲、長襪），我的姿勢（兩手叉腰），我的笑容（輕鬆、露齒），還有別的，說不出的，都清楚表明。我太太稱之爲「艾瑞克，歷史之偶然」鏡頭。

背景重要。把我顯然美國式的形貌，擺在關於中國政府企圖影響美國選舉的新聞標題下面，你有什麼感覺？假如這是一張黑白大頭照，表面有粒狀的那種。你是不是開始懷疑了？再加上照片說明，說我對此事「無可奉告」，你會不會突然覺得我講的並非英語？這一年半來，我神經過敏地注意此一所謂「亞洲金錢醜聞」的發展，看到媒體與政治圈用模糊的亞裔美國人圖像，作爲恐懼中國影響的圖騰。我聽到一個聲音不只一次對我說：「哪，不過是個歷史的偶然……。」

請注意，我並不是說我與這競選募款的事有任何關連，或與任何亞洲控股公司等等有任何關連（敬告聯邦調查局：此文並非自白書）。但我確曾在聯邦政府裡工作。更明確地說，正是在與國家安全有關的那個部門裡工作。我曾有最高級通行證。我替參議院監督中央情報局的委員會工作，後來又替這委員會的主席工作，代表他出國旅行好幾次。之後我轉到國務院，又轉到白宮，替總統寫關於外交政策的演講稿。我被賦予相當重要的責任，而沒有人有任何多慮的表示。但是話說回來，那是亞洲人再度受到懷疑之前整整兩年的事。

最常發生的，關於我族類的謠言是說我們不忠誠。不然，比較客氣的說法是我們雙重效忠：表面上向美國輸誠，內心裡向東方祖國靠攏。這正是一八八二年立法禁止華人移民美國、一九二四年禁止亞裔人入境的理由。這是毫無道理的猜疑。第二次世界大戰時，美國兩面受敵，一邊是納粹，另一邊是日本。信仰法西斯主義的德國人是敵人，但所有的日本人都是敵人。美國國內有十一萬無辜的日裔美國人，在歧視性法律之下，被關進遙遠的集中營去，直到戰爭結束。《洛杉磯時報》爲這拘留行動辯護說：「毒蛇的蛋，不管在哪裡孵出，都是毒蛇——日本父母生出來的日裔美國人，長大了還是日本人，不是美國

人。」此論讓人難忘。

今天社會上對華裔美國人以及所有亞裔美國人，倒沒有當年那種惡意——我不想說過頭。但我必須要說，當「亞洲金錢」醜聞首次見報時，我有點緊張，因爲媒體在暗示顛覆陰謀與亞洲影響因素。當電視主播唸那不熟悉的亞洲姓氏時，生硬中是否有一絲不屑？記者們爲何不說清楚涉案的是亞洲國家的人還是美國公民？是單純的懶惰，還是有別的情緒？自從醜聞爆發以來，仇亞犯罪事件大幅增加。

在這場「中國門」醜聞案初發時，有幾度社會揭開表象，暴露出很多菁英份子都直覺認爲有些人是眞正的美國人，另些人只是陰森可怖的假冒。在這樣的時候，我會匆匆走出門去，看看別人對待我的方式有沒有改變，也看看我自己的行爲有沒有改變。我沒發現任何不同。於是我設想，如果我還在白宮任職，會怎樣。我會受到比較嚴密的搜查嗎？我在辦公室最無心的動作——用中文跟母親講電話，影印一些私人的文件，對中國政策表示興趣——會引起別人猜疑的眼光嗎？

純屬幻想。我知道。過分敏感。我的忠誠從未受到懷疑。不需要擔這個

心。我的華人朋友和親戚是台灣來的，他們是「好華人」，是反共的，跟我們一樣。再說，我從沒做過任何背叛國家的事，連想都沒想到過。這該算數吧？我該把憂愁擺在一邊。包起來好了。不過，請原諒，如果它們有時候露出來的話。

四海華人

有時我想，應該到中國發財去。有這夢想的當然不只我一人。因爲這年頭，三不五時地就會有人提醒你：中國是本世紀最大的經商機會。但是中國對我的召喚不僅是銀錢收入的聲音，也是我的祖先在召喚。「回來吧，」他們在喊，像譚恩美(Amy Tan)小說裡的鬼魂：「這是你的命運。」

好吧，說「命運」太濫情——何況我並沒聽到這樣的呼聲。但是，作爲一個講國語的華裔美國人，不去跟中國做生意，就好像棒球名將之子不去打棒球一樣，浪費了天賦的機會、稀有的環境加技術。

有個朋友就抓緊了這個機會。他比我年長幾歲，但跟我一樣，是個ＡＢＣ，年少時從來沒把中國或身爲華人這事放在腦袋裡。他上了大學，到世界各

地去旅行了一段時間，成爲紐約的投資銀行家。大約一九九一年左右，他進了法律研究所，才念了一年，便領悟到他的位置不是在乾燥無味的教室裡討論什麼侵權行爲，而是到繁榮興旺的中國市場上去忙著賺錢。他退了學，與幾個朋友合夥，開了一家新的投資銀行，專辦亞洲業務，做中國生意。現在他闊得不得了。

各位一定不會訝異，我羨慕這人極了。不過，如果我一心一意想追隨他到中國求發展，那也很奇怪。我沒有做生意的天分。我沒有發財的點子。再說亞洲金融市場反覆無常，外行人還是少碰爲妙。我覺得「回中國去」這個主意說明的是我對中國的向心力，以及「四海華人」身分對我漸增的吸引力。

近年來，如社會學家彼得．酈所形容，在海外華人當中出現一種民族情感。散居世界各地的華裔企業家，是造成亞洲經濟蓬勃的主因。在東南亞，他們被稱爲「東方的猶太人」。他們提供的資金促成中國的經濟繁榮，而中國的繁榮，反過來助長了有關華裔猶太人的神話，說他們怎樣傾盡全力復興祖國。

各方有其不同理由維繫此神話：中國政府自然想鼓勵華人資金流入；華裔企業家想利用他們的華人身分爲王牌；非華裔的公司主管覺得他們沒能在中國

市場攻城略地全因沒有「關係」；西方評論家與亞洲政客想把中國的經濟成長完全歸因於「文化」因素，彷彿勤奮與籌算全出於孔夫子的教導；而許多沒能受中國富裕之惠的華裔美國人，得知中國不再被視爲衰弱或卑下，心理上也與有榮焉。

是很好的神話，四海華人同心的願景。但它仍然只是個神話，尤其在美國。以我來說，就不以海外華人自居。就連我母親，雖然看爲海外華人辦的報紙，加入海外華人組織並參加他們的聚會，也不是海外華人。她住在美國快四十年了，她也已經改變。因此，若以爲華裔美國人只不過是恰巧住在美國的華人，與住在印尼或馬來西亞也沒什麼兩樣，我可認爲大謬不然，甚至是危險的想法。因爲你若自認是「四海華人」的一份子，其他美國人終究會把你的話當眞。

我說的都是肺腑之言。不過，如果我有機會到中國去做生意，說不定會改變論調。我可能會想兩面得利：一方面在中國夥伴面前賣弄我對美國的深入了解，一方面在美國夥伴面前賣弄我對中國的門道精通。第二項賣弄遠不如第一項可靠，很可能是錯的。不過，還是騙得過想去中國的企業家。「四海華人」

的身分到底是什麼呢？不過是巧妙的自利吧。強調自己的華人身分，只不過是表示自己有辦法吧？如果你有這身分，你會不用嗎？

陰謀

猶太人已滲透進社會上層階級。猶太人沒能天生得到的威望，他們想辦法買下。猶太人善操縱玩弄。猶太人精明但無想像力。猶太人躲在陰影裡，掌握看不見的權力。猶太人不肯落地生根，他們漂泊。猶太人有太多政治發言權。猶太人想統治世界。猶太人垂涎你所有的一切。

以上這些風言風語，只要有一絲半句吹進我們的主要報紙，或由政治領袖口裡說出來，保證猶太裔美國人暴跳如雷——他們有理由發怒。他們會馬上把這種言論封殺。他們做得到，完全做得到，因爲他們有些人確實擁有謠傳他們全都擁有的那種大權。只不過，他們是以美國人的身分，而不是以猶太人的身分，擁有此權。這點差別，反猶的人看不出，反反猶的人可看得天大。

很不幸，冠著亞洲姓氏的人，連這點差別都還無從辯白。至少，從所謂「亞洲金錢」醜聞的報導方式看來，是未受區分的。上面所述對猶太人的一連

串指控，在此醜聞報導過程中，都明說暗諷在亞裔人身上，可是沒有人抗辯，有也非常謙卑軟弱。菁英圈子裡普遍的看法是，抗辯的人只不過是「打種族牌」，妨礙司法審訊。

這醜聞，簡言之，是指控中國政府透過在美國的中間人，其中包括一個叫做黃建南（John Huang）的，以金錢賄賂方式，企圖影響一九九六年的聯邦選舉。這姓黃的，曾任商務部官員，並爲民主黨籌募基金。他和他的同僚做了些不聰明而且很可能非法的事。我並不想替他們辯護，不管他們是受中國指使與否。我也不是說這陰謀沒什麼大不了；如果這眞的是中國的陰謀，那是很嚴重的。問題是，關於這醜聞，謠言遠多於事實，暗諷遠多於實證。

媒體追蹤一年多，國會調查幾個月以後，所呈現的好像主要是關於亞裔美國人的情況，而非骯髒的競選籌款方式。因爲從頭至尾，所指陳的一直是：在美國的亞裔人就是——在美國的亞裔人，過客、外人。

當媒體初次揭露黃建南（美國公民）爲民主黨籌到五百多萬美元的「亞洲錢」時，不管在報導內容或意識上，都沒有分辨有多少錢來自國外，多少錢是亞裔美國人所捐。更沒有費事說明這五百萬只是八億競選經費裡多麼小的一部

分。不僅如此，似乎「亞裔美國人參與政治」只是某壞心外國政府的幌子；而亞裔美國人的所有行爲都是亞洲式的，因此，叫做狄恩．藍(Dean Lum)或鍾育瀚(Johnny Chung)的小角色熱心政治，就被說成不符合美國式風格，而純屬中國老式的運用關係爲自己謀晉陞之階。靠關係，找門道？多邪惡的東方把戲呀！

亞裔美國人這麼容易成爲公眾之笑柄，這麼容易被視爲腐化之象徵，正說明了他們多麼無權無勢。這是整件事最辛辣的反諷。另一個反諷是鼓吹陰謀論的首腦是威廉．薩法爾(William Safire)，是個猶太人，而且是猶太人的護衛者。他自始便用「一心想占便宜的外國人」、「有錢的異族」、「地下網路」以及「亞洲利益的滲透」等惡毒的措詞，灌輸大家對中國人的反感與對華裔美國人變節的恐懼。這類措詞，正是你在反猶宣傳品中會見到的陳腔濫調。

今日美國移民人數比歷史上任何時候都多。亞洲來的移民亦比以往都多，他們大都與原籍國家保持關係。他們當中參與政治的也比以前多。不可避免有很多人會涉及國內外事務。會不會是，在此全球化時代，美國人覺得以前篤定的主權與認同正在消失？會不會是，亞洲的興起令亞洲錢與人越過邊界進入美

國？不錯，實情正是如此。不過，討論這事不須慌亂胡言，因爲問題不是來此的亞洲人對美國的感覺分歧，而是美國對亞洲人來此這件事意見分歧。

公民

一九一六年，波恩(Randolph Bourne)在其著名論文：〈超越國界的美利堅〉(*Trans-National America*)中主張，美國的國民應該更多元；應該鼓勵移民前來，一方面融合，一方面維持與原民族的連繫。波恩寫此文時，正當民族主義興起，他反對狹隘的三K黨及其同情者。「美國將會，」他寫道：「不是一個國家，而是超越國界的，與別的國家密切糾結，由各種粗細與色彩的線合織而成。」他的話至今仍然適用。在他的年代「將會是」的美國，在我們的時代已經實現。

對於人種、來處各異的人民如何入籍美國的問題，波恩提出的解決之道是容許雙重國籍：向美國效忠是基於權利義務，向原籍國效忠是基於血緣。今天有些知識份子在提倡相同的理念，認爲傳統的公民觀念太局限，不適用於資金流動、忠誠也流動的現代。芝加哥大學學者阿帕都來(Arjun Appadurai)描繪美

國的未來是種族上的「自由貿易區」，是全世界許多族裔的廣大賽場。別的學者也呼籲形成「多元效忠」體系。

我同樣期望重新思考美國人的身分認同，尤其以今天人口變遷之劇，更有必要。我當然也知道每個人都有許多不同的圈子。但是，我認爲呼籲多重效忠恰恰誤解了美國。美國的獨特不僅在於它提供正當的程序與舞台，供各文化自由表述，而且在於它合併許多種進入的文化。現在的美國，遠比波恩的年代超越國界：它是一個大融合體，是以前無法想像的新品種的溫床。正是在這個全球化的時代，美國成爲全世界最不可取代的地方。爲此，我們應對它付出不貳的忠誠。

東方人

一九八〇年代，當亞裔美國人成爲美國偏愛的非白種國民——被稱爲「少數民族典範」——時，電視「六十分鐘」節目主持人華理斯(Mike Wallace)問道：「爲什麼亞裔美國人在學校裡表現這麼優異？他們一定用對了方法。我們把他們的祕方用瓶子裝起來備用吧！」在此觀點下，亞裔美國學生就像日本汽

車一樣，拜優越的亞洲式開發與產製之賜，是模仿美國形式但是性能更好的進口貨。要是通用汽車眞能把亞洲方式用瓶子裝起來用就好了。

要是我們能抓住那瓶中精靈的話。這亞洲方式，是一種精神，像幽靈。問問狄帕・丘波拉(Deepak Chopra)好了。他從一個內分泌學家變成心身治療師，變成巫師與鬼魂的傳譯者，具體展現了今日由「西方」理性轉變到「東方」神祕的黃金道路。顯然亞洲人是現代法師，掌握有強大力量的知識。

我們細讀狄帕的書，因爲書中是要告訴我們如何找到自己的道路。也許出於同樣的理由，有許多人贊成對麥可・費伊(Michael Fay)處以鞭刑。各位應該記得，費伊就是一九九五年在新加坡犯下塗鴉之罪的美國少年，他被罰屁股上抽了六下鞭子，轟動全世界。時任新加坡內閣資政的李光耀藉此鞭笞機會，大談亞洲之嚴格與美國之衰微。東亞不少強人師法李光耀，他本人正是所謂亞洲方式的典型。

照「亞洲方式」說，亞洲人認爲秩序比自由重要；亞洲人較能吃苦耐勞；亞洲人較有紀律、有道德。這一切都說明了爲何全世界的亞洲人好像都表現得「出奇地好」。

有人這麼說已經夠糟，更糟的是還有不少人相信。美國人眞的相信，因爲美國人擔心自己的道德與精神都已不夠嚴謹。我們有失落感，在此千年將盡之時。我們還相信唯有東風，唯有黃種人之靈魂，能引導我們回頭。

這是歷史的古怪扭折，不是嗎？在殖民時代，歐洲人捏造出一套刻板印象，說東方如何衰微沒落，東方人如何荒淫好色。這套理論後來被稱爲「東方主義」，讓西方覺得自己眞是文明，很得意改變了那些落後的民族。西方也因此以「西方」自居，以有別於東方。今天我們有了「新東方主義」，比較精妙，但也更有害，因爲它散播的是亞洲人「比較優越」，而不是「比較卑劣」的謠言；又因爲此論得到亞洲人的積極配合。

新東方主義是舊東方主義的鏡中反照。現在說成腐化的是西方，東方人則以爲自己高明。而且，想像中被壓倒下去的是美國。在這一點上，新東方主義與舊的一樣：把地理與心靈作人爲的分割，把人切割成善與惡、東與西。除了表面的次序改變以外，它與舊的沒有不同。

土生子

我念高中時，像我這樣的ABC小孩，常被父母要求趁暑假去台灣一趟。說得好聽是去「學習自己的文化」，其實旅行的目的是延續中國血統。我參加的是俗稱「愛之船」的夏令營，一群華裔美國青少年以觀光台灣爲名，在此相遇、交往，然後——誰知道？也許有一天就結婚了。（編按：作者參加的是僑委會在台北劍潭青年活動中心所主辦的「海外華裔青年暑期返國研習團」。這些參與者戲稱這夏令營爲Love Boat。）

你得承認，送兒女參加這活動的父母，務實之外，也很有意思。在美國，人總在尋找一種神祕的方式，連繫想像中的過去。回到祖先的國度總是很甜蜜的，另外一種的浪漫。當祖國位在東方，這神祕的程度更高得難以衡量。有些小說家總是安排已同化的第二代主角回中國，多愁善感地尋覓她的靈魂。

好，我是已同化的第二代。我最近剛去過中國，是第二次去。我不能不懷疑這認祖歸宗大業的眞實性。我在中國看到什麼？我看到一個充滿矛盾的國家，其變動尺度之大，是在美國無法想像的。我看見一個民族，努力衝向二十

一世紀，可是它的後腿卻滯留在二十世紀。我看見許多人長得像我，很多人如果有我的環境可能會與我一樣，但是我沒看見自己。我是說，想像中移民之子應該會有的「歸鄉」激情，我沒有。不錯，在古意盎然的鄉間，我彷彿見到祖父母輩眼中的世界，但從未出現的，是聖靈顯現般，覺得自己——終於——回到同胞中間的那分感動。

一個原因是我沒有親人在大陸，另一個原因是我與紅髮的妻子同行（我終究沒上「愛之船」），所到之處總是引人注目，尤其是在偏遠省份。更重要的是我不確定我該尋找什麼：是老式的算命先生說出孔子的警世格言嗎？是失散多年的親人映照出我的內心？是善意的中國鬼魂洩漏天機？

那些是電影裡才有的歸鄉情節，老掉牙的招式，引人發噱。但容我承認：我嗤笑之餘，有點失望。現在想來，我在中國旅行時，大部分美國白人享有的一種奢侈，我沒有，那就是無負擔的尋根。義大利之子，愛爾蘭之女，等等，都可以把祖先當成項鍊般，隨意戴脫。我卻沒有這分自由。我遲疑不肯以全心的情感擁抱「祖國」。

我知道不該這樣。在大陸旅行時，我應該可以縱容自己，沉溺在種族關係

的涕泣中。但我沒有。是我自己的神經沒有崩潰，不是別人所言所行阻止我淚下。也許我漫遊中國時覺得自己是美國人，但有一次，我的美國感不那麼強烈，竟可以假裝一下自己不是美國人。

那是在旅程的最後一站，上海。一個繁華、有活力的城市，像早年的曼哈頓之於美國。在我去過的中國各地中，最讓我有親切感的，就是上海。不是因爲旅館裡看得到CNN，不是因爲在城裡吃得到美式食品，而是因爲上海是個半東半西的城市，讓我特別熟悉：它是混合體、創生物、變種。站在宏偉的殖民式大樓前面，周圍擠滿了中國人，我反倒像回到家，悠然自在。

危險

蒙古恐懼症Mongolphobia（名詞。古老，但邪惡）：1.相信亞洲人對我們的生活方式形成威脅。2.對黃色星球的恐懼。3.西方因恐黃而團結合一。

黃禍。蒙古部落。亞洲入侵。今天已很難把這類原始的恐懼語詞當眞。這些是漫畫書裡的用詞，黃色新聞的惡劣餘緒，早期小說如「邪醫傳滿州」裡的

材料。它們屬於早年心理分析紀錄，著迷於一個看不見的「他者」，渾然忘卻「自我」，與實情毫無關連，尤其與當代實情全不相干，當代實情是一點也不危險，反倒舒適、文明的。

然而很難將這些置之一笑。一次又一次，以爲自己完全文明理性的美國人，受制於這類瘋狂想法，到不可收拾的地步。一八七〇年代末，白人勞工出於不安全感，爆發對華工的暴動，野火燎原般蔓燒整個西部，國會因此有藉口悍然禁絕華人移民。一九四〇年代，無辜的日裔美國人被剝奪權利，因爲美國在珍珠港的失敗被解釋成日裔美國人裡通外敵。一九八〇年代醜化日裔美國人，而把華裔說成是「少數民族典範」，都出於（白種）美國人的恐懼，恐懼美國在沒落，被充斥美國市場與美國學校的「可驚可畏的亞洲人」壓倒。今天，美國似乎重領風騷了，但中國的興起，讓政治圈有些人想在亞裔美國人中間尋找可疑的角色。

從私處吊刑的暴眾，到集中營，到陰謀論，我想可以說已有進步。討厭的是，儘管亞洲人一代一代移民美國，儘管亞洲與美國的接觸日增，蒙古恐懼症仍然是美國人逃避現實的現成方法。話說回來，我想正是接觸的增加，造成我

們一心想避免的憂慮。

在美國的大部分歷史中，亞裔人既遠又少，恰適宜當代罪羔羊用。亞裔人像黑白螢幕，所有的恐懼都投射其上；而與之相對映，所有其他各個種族則全神妙地以「白人」、「美國人」或「西方人」顯相。在本世紀的種族圖像學中，照歷史學家道爾(John Dower)敘述，亞裔人通常以兩種形式存在：非人（鼠類、蟲類）或超人（惡魔、機器）。不管哪一種，他們都是入侵部隊，蝗蟲一般。

是的，入侵事實上已悄悄在進行。現在美國人口中有一千萬亞裔，比二十五年前多了八百萬。亞裔美國人已衝擊主流，先頭部隊已抵達權力的制高點。同時，復甦的亞洲給我們的語言、風俗與夢想帶來一波又一波的影響。也許不久我們將面臨第三個可能性：即所有的亞洲人都是人；已經脫離我們的想像，進入我們的生活。不久我們也許得承認：我們已遇見東方，東方就是我們。

東方標準時間

一本關於亞洲對美國影響的冊子，叫做《東方標準時間》（*Eastern*

Standard Time)，是《A．雜誌》編輯出版的。以下是其中列舉的一些混入美國日常生活的亞洲成分：

林櫻(Maya Lin)、貝聿銘、瓷器、東方地毯、日式沙發床、愛經(The Kama Sutra)、凱蒂貓(Hello Kitty)、閃電霹靂車(Speed Racer)、吳宇森、成龍、假面超人(Mighty Morphin Power Rangers)、黃臉孔、筷子、雜碎、咖哩、點心、拉麵、茶、豆腐、炒菜鍋與熱炒、棋、翻線遊戲、梯階瀑布、風箏、消費電子產品、麻將、柔道、空手道、太極、折紙藝術、任天堂、Sega、瑜珈、兵法。

受亞洲影響而形成的字有：amok（狂亂）、avatar（神之下凡）、bangle（手鐲腳環）、bungalow（有閣樓的小屋）、crimson（深紅色）、gung ho（「工合」、合作）、guru（宗師）、ketchup（番茄醬）、pidgin（洋涇濱）、pundit（印度學者）、shampoo（洗髮）、thug（刺客）、tycoon（大亨）。

佛教、道教、風水、針灸、漢醫、人蔘、馬友友、祖賓．梅塔(Zubin Mehta)、小澤征爾、拉維．香卡(Ravi Shankar)、王薇薇(Vera Wang)、寬腿睡衣褲、絲、披肩、靛青、卡其布、刺青、亞裔養子女、日產汽車、三菱、馬自

達、中國城、宗毓華現象（亞裔女新聞主播）、卡拉ＯＫ、郵購新娘、少數民族典範、亞洲不良幫派、貓熊。

橋樑

一九九三年我初赴中國時，是以國會助理代表團成員的身分，由美國亞洲協會資助，去做實地了解。我們有一個導遊、一個傳譯和一輛巴士，載我們去開會、觀光。我們會見了重要部會的高級官員，經常吃九道菜的大餐，主人致送燙著各人名字及頭銜的筆記本。我們這十二人著實風光，而其中我尤其特殊。我是華裔。不僅如此，我是有成就的華裔，代表一個名叫大衛·伯恩(David Boren)的有權有勢美國參議員。

因此主人們很喜歡我，尤其當我以中國話與他們閒聊時（「你的發音眞準！」他們會說。也許意思是，我的文法和字彙還有待改進）。我也喜歡他們。可是我跟他們保持距離。開會的時候，在例行宣達中美友好聲明之後，我會清晰表明我上司對中國人權紀錄的關切。我不想讓私下的友善轉變成純屬「友誼與了解」的集會。同時，我努力把話說得體貼得體，不託大炫耀。我認

爲他們尊重這一點。我認爲他們在想：「這個人可以打交道。」一週訪問結束時，副外交部長邀我與他單獨午餐。

第二天我與他和他的傳譯在餐館見面時，我有種怪怪的感覺，覺得我們做這些事只是出於禮貌。副部長心裡有別的事。他不大動筷子。他的態度一本正經，讓我以爲他有什麼重要的訊息要我轉達給參議員：也許有某個異議份子即將獲釋，或某份貿易協定即將宣布。但他沒有話要我傳達；他只是道貌岸然。過了一會兒午餐結束。整件事情有點裝模作樣。然而這是年少的我在政府工作期間最精采的片刻之一，因爲那時我領會到，也許有一天，我可以做中美之間的橋樑，協助溝通這兩個當代最大的強權。

我妻家的一個朋友，在初會我時便預言這將是我的天命。目光極其銳利但寡言的這位先生把話說得非常肯定。哎，我是個經不起讚美又很喜歡談天命的傻瓜，聽了這話便好像看到一排字樣：艾瑞克．劉，太平洋築橋人，和平使者。唔——。可是認眞考慮起來，我可不見得想要以此爲終生職志。我不見得想當中間人、調人，調解政治或商務紛爭。在我看來，擔負起那樣的角色，就意謂著我這個華裔美國人兩邊各沾一點，可兩邊都不多；意謂著我不屬於任何

一邊。這是中間人的身分認同危機：道義上的不確定，自我的放逐。

我想做的是，呃，比方說，美國駐華大使。這個角色我會喜歡：代表我的國家，代表其利益與價値觀。當然，這看起來是一個遙遠的夢——不僅對我是，對所有華裔美國人都是個夢。雖然很多美國人出任過祖先國家的大使——今天駐愛爾蘭大使就是甘迺迪家的人——仍然難以想像華裔美國人會奉命出使中國。也許是因爲很少有華裔美國人具備出任大使資歷——國會議員、外交官、競選經費的大捐助人（哈！）。也許是因爲這樣的人看起來彷彿不完全站在我們這邊。反正目前看來，這座橋樑仍是遙不可及的。

戰爭

我小學三年級時，夢想殺日本鬼子。

也許我應該說清楚些。小學三年級時，我熟讀第二次世界大戰史。我做戰機模型。我著迷於重要戰役的描述。我愛看一部電視影集，叫做「害群之馬」(Baa Baa Black Sheep)，講的是太平洋戰場上的一隊海上戰機飛行員。夜裡我躺在床上，就想像我是其中一員，神氣地坐在自己的「海盜船式」戰機機艙

內，追趕一架快速的銀色日本零式戰機，掠過瓜達康納爾島上空。

那是我的重要幻想，特別因爲我的祖父是個飛行員，後來還當了中華民國空軍將領。他與日本人作戰達十年以上。不僅如此，他還曾與陳納德將軍及其他美國人一起創立飛虎航空隊。因此，身爲華裔美國人，我兩腳都踏在好人陣營裡。爲慶祝這一事實，我寫下一系列令人喘不過氣來的單頁故事：〈虎、零式與海盜船〉，描述中國與美國飛行員聯手合作，對付日本膽小鬼，贏得一場又一場的空戰勝利。

最近我翻出這些短文，重讀了一遍。坦白說，其中一些反日對話令我尷尬，那是我從許多戰爭電影裡學來的。幸好，文章主要在描述戰爭場景：時間、地點、飛機架數、複雜的作戰型式。讓我驚訝的是，當我提到「日本鬼子」時，我都像這樣，加上引號，彷彿聲明不是我要這樣稱呼他們。是不是年幼的我已知道「日本鬼子」這樣不雅的說法不應出自像我這樣有教養的華人小孩之口？

恐怕不是。到底那時候我還小，對這種事不是很敏感。我的不敏感，可以從我夢想打日本人看出。我從未想過：如果我的祖父不是與美國人並肩作戰，

而是對抗，怎麼辦？說實在，我沒想過如果我在戰時生爲日裔美國男孩，會是怎樣光景。就是在四十年後，如果我明白了祖先的國度站在歷史的錯誤一邊，會是怎樣感覺。我從未自問：如果中國是美國的敵人，怎麼辦？

近年來，這問題比較經常出現在我腦海。我並不是暗示中國和美國要打仗，甚至有起衝突的可能。事實上，如果有人這樣預言，我倒擔心他是爲了滿足自己的野心。但是，中國近年的浮升是無可置疑的事——經濟活力、軍事強權、制衡美國的力量，挺讓美國神經緊張的。我開始偶然會想像，也許有一天，中國人會直接威脅到我的國家的利益，甚至生存。

萬一打起仗來，我會怎麼做，是很難想像的。如果國家徵召，我會入伍。但我不知道我會不會自願從軍。如果情況發展成華裔美國人因其族裔而遭排斥，我想我會大聲反抗。當然，這話我今天說來容易。

我崇敬在珍珠港事變後組成全日裔第四四二航空隊，爲美國作戰的日裔美國人，我同樣崇敬控訴政府不當囚禁他們的日裔美國人，因爲那也是爲美國奮鬥。我會有勇氣做以上兩件事當中的任一項嗎？我想我會。但這分認知，唉，可得來不易呀。

光榮

香港回歸中國前後，母親說她很驕傲中國不再衰弱。我的感覺可不太一樣。我大概是樂見中國強大，不願見它受制於殖民各國的吧。但最能讓我引以爲榮的是中國變成自由民主的國家，像美國這樣。這一點，可能就是第一代與第二代之間的差別。

我有一個朋友，很難想像，她是一九八九年天安門廣場上的學生領袖。難以想像，不是因爲她的性情——她的個性強悍，而是因爲她的外表非常美國化。她從一九九〇年左右即住在美國，學會一口幾近完美的英語，從長春藤聯盟大學取得學位，在一家顧問公司工作，已染上年輕專業人員的氣息。然而，不像我母親，她仍然夢想有一天會回中國去。這是移民者與流放者的區別。

有一天我看見一個成人穿著印有「塞爾維亞人榮光」字樣的T恤，還有一枚紋章與幾個古體字，但設計明明是美國式的。我替他感到難堪，不只因爲波士尼亞。你知道，我就不會穿印有「華人之光」字樣的T恤，我不喜歡佩戴刻著「吻我——我是華人」字樣的別針。我不能想像華人在波士頓街上遊行，像

愛爾蘭後裔慶祝聖派垂克節那樣。這是同化者與被同化者之間的區別。

那麼，讓中國強大吧；讓它的權力大張。讓華裔美國人，以及所有亞裔美國人都沐浴在十億黃種人、五千年歷史的光輝之下。但我們要記得，到頭來重要的不是祖先餘蔭，而是個人怎樣將之發揚光大。這是庇蔭與光榮的區別。

醜陋的中國人

在北京，餐館裡、酒吧裡和教室裡，大家在辯論：中國人應該西化——意思是美國化——到什麼程度。有些年輕人流行堅決反美。當然，也流行穿李維牛仔褲（Levi's），注意ＮＢＡ籃球賽，看ＭＴＶ以及抽萬寶路香菸（Marlboros）。同時在台灣，作家柏楊多年來尖刻批評「醜陋的中國人」，呼籲中國人拋棄腐儒氣息，仿效西方。

在美國，我們不大能辯論這類題目，至少不能這麼公開直接的。我們應該變得多中國化？多亞洲化？我們寧可昇華認同危機，讓它像蒸汽般一陣陣發散。我們寧可在政治、文學與神話裡，攀住一個單一認同的夢想。我們寧可把這國家想成白的、歐洲人的，直到相反的事實擺在眼前。然後我們便幻想被侵

略、被腐化，幻想攔不住的文明衝突——西方對抗全世界。

邊界消溶之處，歷史漫溢向前。但我們仍堅持排除亞裔：不再是排除在領土之外，而是排除在內心裡的國界之外。這沒道理。今天，多少世紀以來的第一次，亞洲覺醒，要施展潛力。美國也該這麼做。

6

新猶太人

最近幾年，亞裔美國人得了「新猶太人」的稱號。

這是一種敬語，意思是這兩組奮鬥有成的移民有許多相似之處：

猶太人剛開始時是外人，亞裔人也是；

猶太人重視子女教育，亞裔人也是；

猶太人克服障礙，湧進長春藤名校，亞裔人也是；

猶太人比同時期的其他少數民族都爬升得快，亞裔人也是。

我有幾個最好的朋友是猶太人。眞的。怎麼會這樣，我不太清楚。但我想也難怪，因爲我自己就常被稱爲猶太人。

最近幾年，亞裔美國人得了「新猶太人」的稱號。這是一種敬語，意思是這兩組奮鬥有成的移民有許多相似之處：猶太人剛開始時是外人，亞裔人也是；猶太人重視子女教育，亞裔人也是；猶太人克服障礙，湧進長春藤名校，亞裔人也是；猶太人比同時期的其他少數民族都爬升得快，亞裔人也是。猶太人愛吃中國菜，亞裔人——哎，你知道啦。在刻板印象與社會學研究之間有一個半明半暗的地帶，產生了一種說法，說亞裔美國人「比猶太人還猶太」。

提起這現象的，通常是「老猶太人」。難怪他們要說。會有「新猶太人」這種族類，是挺奇怪的事。因爲這不只表示「老猶太人」已經同化，而且表示在美國，「猶太」就是同化的代稱。

* * *

誰應該是猶太人？

任何人，抵達此邦，被視爲過客、異鄉人；非白人；以排外及奇特方式標

榜其族類；暗藏野心在社會中發揮遠超其份的影響力；以消去法提醒其同胞怎樣才是好國民、才有歸屬感；任何人，改變了吞沒他的社會之風味。任何人，堅守信條做了以上這些事，而終於脫胎換骨；這樣的人，就是猶太人。

* * *

我記得我過的第一個猶太踰越節。共有五人：兩個亞裔，兩個猶太，和一個波蘭人（我不是要說笑話）。我的朋友蘿倫與姬兒帶領儀式，解釋每一步驟的意義。過程之美把我迷住，而且又很簡易。覺得像是回到小學時代，誠懇學習另一種文化。我不記得具體的儀式了，但我記得我們笑著互相邀請「明年到耶路撒冷」去。

沒想到次年我真的去了耶路撒冷，出公差。我步行穿過舊城，我們的導遊，原籍美國的以色列人，在我身邊靜靜地走著。前面是幾個同團的人，邊走邊嘻笑玩鬧。「你的家裡是……？」導遊突然問我。「華人，」我回答，眼睛望向他。他笑了：「那你知道屬於一個古老民族的感覺了。歷史在我們的骨子裡。」他敲打前臂，加強語氣。我也笑。

另一次儀式性的宴會。我母親、妻和我，聚集在波士頓，與葛林伯格一家人共度感恩節。大衛．葛林伯格是我的朋友，他的父母邀請我們來他家過節。桌上有火雞、小紅莓醬、派。我們帶了母親做的一道中國菜：雪豆香菇燒豆腐。這道菜被吃得精光，眾人讚美。葛家人熱情待客，但我覺得我們太打擾了。大衛的妹妹即將出嫁，她的未婚夫也在座，穿著深色西服。大衛和他弟弟也帶了女朋友來。他們是一家人。大衛的父親慷慨地修改祝詞，把我們這些客人加進祝福的範圍。

＊　＊　＊

不久前，《紐約時報》刊登過一系列的廣告，在社論、投書版的右下角。以第一人稱語氣寫的這些廣告，是美國猶太委員會出資的，主題是「身爲猶太人對我的意義」。每一幅廣告都由一位知名的猶太人，敘述傳統與信仰如何影響他或她的價值觀，奠定成功的永久根基。詞句總是很有意思。至於其深層的意涵，就更可玩味了。

看起來，今日生爲猶太人，意思是有錢在《紐約時報》上登這麼多廣告，

來說明身爲猶太人的感覺。大有來頭的人——一位最高法院大法官、一位太空人、一位大學校長、一位諾貝爾獎得主——公開反省自己，本身就宣告了猶太人已功成名就，斷言身爲猶太並沒有妨礙他們。

同時，這些廣告也可以視爲對年輕一代的召喚，阻止向心力流失的努力，藉著同化，重新散播猶太種子。依此觀點來看，這些廣告就顯得陰沉悲哀多了。它們傳達的懷疑與信心一樣多。

我們都應該有疑。你能想像時報登出一系列廣告，標題是「身爲華人對我的意義」？當然，也會有名人現身說法，這些人也一定有深思的話可說。但這是一個觀念問題？華裔美國人不認爲他們是單一的實體，不認爲他們適合在菁英人士所讀的報紙上發言。不過，我也不能想像系列廣告叫做「身爲盎格魯撒克遜新教徒白人對我的意義」。這樣的廣告好像沒必要，而且不妥當。因此，這意謂著此刻正當猶太人既擁有講台，又可以誌慶其種族成就的特殊時刻。這是墓誌銘，是向需要努力證明自己的時代告別。

* * *

我對一個朋友說，「她的同胞」和「我的同胞」之間的差別在於，猶太人的歷史複雜、文化統一，在日常生活中即可習得傳統。相對地，亞裔人卻非如此。我的朋友皺起眉頭：「你所說的差別不是亞裔人與猶太人之間的，而是你和我之間的，」她說：「如果我是華人，我會學習孔子學說、中國歷史，追尋它們對我的影響。」

當然，儒家思想不是猶太教那樣的宗教信仰，這點差別很重要。但我的朋友說得有理。沒有泛亞裔的文化傳統，那固然不錯，但中國傳統當然是有的，只是這傳統華裔美國人有的繼承，有的忽略。這傳統可以維繫，只看要不要維繫，要不要找出與它的關連。到目前爲止，我沒有很強的願望這麼做。

大學時，我選了一門課叫做「中國的現代化之路」，是史學家史景遷(Jonathan Spence)教的。我買了孔子的《論語》英譯本。這是我第一次讀這位偉大哲人的書。我讀得很努力，把書背都折壞了，摺角、畫線，可是並沒有眞的吸收進去。我覺得我在讀一種無法稀釋的精華，中國倫理學的精髓。那些字我懂，可是字後面的意義，我得說，抓不住。

部分原因可能是我讀的是英譯。並不是說我能讀原文，而是我知道這中間

還是有區別。例如英文講：「子曰：剛毅木訥近乎仁」這句話，就像幸運餅乾裡的胡謅詩。而在中文裡，有上下文陪襯，便不會顯得文意不明。中文句法少用連接詞，言簡而意賅，其中深意在翻譯時可能會丟失。

當然，像《論語》這樣的書，以任何文字書寫，都可能被棄之如墨漬或奉之如神諭。馬克斯·韋伯(Max Weber)曾指孔子要爲十九世紀中國之悲慘落後負責，今天的商學大師則將中國的經濟起飛歸功於儒家思想。早年親英，後來變成「亞洲價值觀」鼓吹者的新加坡領袖李光耀，便認爲孔子是贊成威權政治的。哈佛大學的儒學者杜維明，則在《論語》中找到寬容、人道的哲學。這讓我想起一本奇怪的命理書《聖經密碼》(*The Bible Code*)。各人在古籍中尋找自己想看到的東西，同樣的文字，千般解法。

所以，「種族特性」這觀念，恐怕會像海蚌般，附著於所有偉大的民族遺產上。我的朋友看我很準。我不相信《論語》或《道德經》之類的書潛進我的文化ＤＮＡ裡面去；如果我是猶太人，我也會同樣懷疑其教諭及法典。以區分種族的方式談論種族特性，讓我很不舒服。

可是到底爲什麼？我爲何如此多疑？每一代都傳遞一些訊息給下一代。這

訊息，即使未曾明說，也透過獨特的文化中介來傳遞。我父親認爲他的道德觀與內心寧靜主要得自幼年時所讀的中國古籍。我不懷疑他的自我評斷，我也相信我的道德觀主要得自他。因此，他雖從未教我讀中國經典，難道我就從未從中學到東西？

也許，當我說，中國特質只是幻象時，我是說得過激了。也許眞的有這特質。有一天，當我的孩子瞪著我要的時候，也許我會找到。

* * *

像很多移民第二代一樣，我有一種叫做「記憶羡慕」（memory-envy）的煩惱。

記憶是承襲的，有的人承襲的多，有的人少。我當然有珍貴的家族記憶珍藏：我二十九年的記憶，附加前兩代的片段影象及概要。但我沒有群體記憶，彷彿我的人生是種族歷史之最新一頁的那種感覺。爾文・侯(Irving Howe)把他記述猶太人自東歐移民美國過程的皇皇巨著命名爲《我們父親的世界》(*World of Our Fathers*)。我絕不會給自己的書取這樣的書名。我沒這分自信；我沒那

種共同記憶——記憶之記憶——能把個人歸入部落。

我羨慕有此記憶的人。麗芙科薇茲(Lori Hope Lefkovitz)在《肯容評論》(*The Kenyon Review*)雜誌上撰文道：「我們（猶太人），包括已死的與未出生的，都好像在西奈山承受寶訓的現場似的，我們傳承這份傳說。在踰越節的慶典上，我們回憶出埃及的經過，不僅是紀念脫離古埃及人的奴役，也是以一年一度的儀式，重新扮演自己的解放，奉命唯謹地，把自己視爲最早那一代，在歷史上受神解救的那一代。」

這些字眼讓我迷惑。「包括已死的與未出生的」……我按照字面解釋：我會希望我的子女認識我父親。至於數不清的過去與未來的華人——長長的黃線——我不覺得與他們有什麼相關……「奉命唯謹地」……我沒有奉命之感，沒有歷史感正是我的養成方式……「最早那一代」……這可不是古老的試金石，我就是我。我是我們家族第一個在美國出生的人。

麗芙科薇茲寫到她幼年時經歷猶太大屠殺而倖存的事。她說她的處境很特別：是別人記憶的保存者和敘述者。好像一個腹語者。她寫猶太人，是當成群體的記憶來寫。

當然，即使是猶太人，尤其是年輕的，已開始遺忘：不僅是遺忘大屠殺，而且忘記大屠殺之前和之後的傳統。儀式的形式與意義漸漸散失：禁食規矩、安息夜點的蠟燭等。通婚造成認同危機，下一代可能只是形似猶太，就像義大利裔已不是義大利人了。

同化的本能——對我來說，有時候是本能——是磨除相異處，以期成爲無髮色、無膚色、無血統的世界大同。但我在思考猶太人如何進入美國體系時想到，要混同，首先得獨特。我還想到，我並沒有這分獨特：我沒有歷史的傳統或信仰，也沒有萬古常新的文化。

一個冬日的下午，在西雅圖。王雄，最早期的亞裔美國小說家，在他的辦公室裡，耐心聽我宣揚超越種族的好處。也許他覺得我少不更事，不過他沒有顯露出來。一直等我發表完了獨白之後，他才溫和地警告我說：不要忘記歷史。他是指亞裔美國人的歷史：我出生前亞裔所受的苦難。是他們多年前被摒棄於主流之外，才讓我今天有機會進入主流。我領悟到，對，我應該多了解我自己處境的根源。我還想，我在講述這些故事中，就得到一種歸屬感。但接著我又起疑：我應該只講亞裔美國人的故事嗎？甚至，以此爲起點是對的嗎？

我擔任柯林頓總統演講撰稿人時，專長寫追思性的講稿。泛美航空洛克比空難喪生的一百零三人悼詞。援助伊拉克境內庫德族人的任務中遇害的軍人旌表。最具追思性的，是諾曼第登陸戰五十週年紀念祭文，在諾曼第的美國軍人墓園發表。演講當天，當著尚存老兵的面，我的「記憶羨慕」略得抒解。我的眼中含淚，喉頭哽塞，淨是「國家」的記憶，是公眾的歷史：這歷史，也是屬於我的。

* * *

少年時我與猶太人交起朋友，原因之一是除我之外，只有他們，在父母要求下，要學本族語文。而他們跟我一樣，敷衍了事。他們是週四晚上上課，我則是週日下午。希伯來學校，據我所知，主要是一個社交場合，是平常學校裡的男女調情與其他把戲繼續發展的地方。這些孩子的確在教室裡學到些東西；至少，他們在嚴厲的猶太戒律之下，總是能表現得非常好。但他們的心不在那裡。很多人學會表面遵守戒律；宗教可能成為僅僅機械式的約束。

中文學校一週只上三小時課，但感覺上好像無休無止的苦工。星期天父母

帶我到華人協會租的中學去上課，我還記得望著那秋陽的斜照，悲歎失去的遊戲時間。我是好學生，守規矩，但我現在只記得讓我分心的那些事：某人的本子留在桌上沒帶走；黑板上一行潦草的字；孩子們緩慢齊一地唸中文的嗡嗡聲；練字用的格子紙嶄新的油墨味；我們把這紙捲成筒狀，裝老師買的玉米片吃；替我們開門、鎖門的管事冷漠的眼神。有一年爸爸出任中文學校校長，媽媽也教一堂課。那年冬天我們辦了盛大的中國新年聚會，有人帶了一整盒子的麥當勞漢堡來。

照我的經驗，我猜這種學校到下一代一定會消失不見了。不過難說，事情總是起伏來去。最近有一份（不正確的）研究報告，說猶太人與非猶太人的結婚率超過百分之五十，結果引來報導說，全美國註冊進猶太私立學校的人數大增。這是全天候的學校，不是每週一次的補習學校，而且許多是由正統派猶太人所辦，不是像我幼時鄰居那種不太虔誠的人。不過，從幼稚園到大學預科俱全的這種機構出現，仍然表示美國猶太人的認同不一定會趨於沒落。下一代還是在學。

我母親現在住的華盛頓郊區，每週一次的中文學校也照樣在辦。媽媽不時

會到週末時充作華人活動中心的地方去看看。那是一所公立學校的體育館，一邊是孩子們在打排球和籃球，另一邊是家長們擺了桌子賣自製的餃子、餛飩等食品。穿過走廊，幾個房間裡在教中文、氣功、書法。箱型車擠滿停車場。這不只是一所學校，它是家庭基地，一片綠洲，逃避同化疾風的避難所。我母親喜歡去那兒。很可惜，她說，在波吉普賽就沒有這麼完全、這麼舒服的中國風味。

* * *

不管下個世紀的新亞裔人是誰——也許被稱爲「新新猶太人」？——他們得首先在教室裡出人頭地。

兩、三代以前的猶太學生就是在教室裡勤奮用功，取得最高名次，塡滿榮譽榜。在教室裡開始流傳一個謠言：謠傳猶太人天生優越，猶太人精明。也是在教室裡，非猶太人學會闡釋這謠言，改變一種說法，說猶太人「只是小聰明」。

「他們善模仿。他們會背書。他們像機器一樣努力。」一九二〇和三〇年

代，猶太人「氾濫」哥倫比亞和哈佛的校園時，各學院院長們如是說。今天的亞裔人，像以前的猶太人一樣，被說成死讀書、心無旁騖、殘酷無情的機器。一九八〇年代的亞裔人在美國人心目中就是：聰明蛋、書蟲。「不會別的，沒有文化素養，就會背書，不是爲學問而讀書。」大學曾限制猶太人入學名額，相信亞裔人也已遭此限制。

今日的亞裔人，像以前的猶太人一樣，被形容爲貪饞饑渴。波多瑞茲在他的回憶錄《卓然有成》裡說，他在一九五〇年代由紐約下東城進入哥倫比亞大學，這認眞的猶太男孩對知識饑渴，急於炫露自己的本領，但是哥倫比亞盛行白人基督徒上流社會的典雅造作，他一到那裡，便覺得自己格格不入。今天，是亞裔年輕人基於毫不隱瞞的野心，在文化的嗉囊裡奮鬥、攫取、突出。他們不像一般青少年——逃避用功，熱中運動——，結果被視爲占了便宜。他們「成就過高」。問題跟著來了：跟誰比太高？比誰的期望高？是有個看不見的天花板嗎？

一個群體有超乎尋常的野心，有人便以種族的因素來解釋。勤奮、犧牲？延後享受？重視教育？今天，任何人都能告訴你，這些是「亞洲價値觀」。但

是記得，只不過幾代以前，這些還是「猶太價值觀」。當然，從前也曾經是「新教徒價值觀」。

這是詭譎難辨的地帶。關於亞裔人「天生」優越的謠言，會加強說黑人「天生」懶笨的謠言。這就是爲什麼亞裔美國人活動份子花很大力氣提醒大家，亞裔人有很多問題，很多缺點，很多社會病態。他們視讚美如詛咒，視頌揚如毀謗。

稱亞裔人爲「少數民族典範」，自是帶有居高臨下的意味，而且容易誤導。但是一個亞裔美國學生，如果表現傑出，她的勤奮應該受到稱讚，而不必覺得她害得所有有色人種都被貶成機器。她應該能說：「我是奮鬥有成。」

不過，她也應該承認她拜環境之賜。城市大學(City University)社會學者史坦伯格(Stephen Steinberg)在所著《種族迷思》(*The Ethnic Myth*)一書中提醒我們，猶太人和亞裔人，第一代剛來時，許多是占了原就有的優勢：階級、教育程度和期望。是這種社會資本，以及選擇移民來美，促成這兩個族裔在美國出人頭地。

我自己的情況正是如此。我一直有意願也能夠專心一致，把事情做好，但

我也是幸運。父母都是專業人士，他們來美不只是掙碗飯吃，而是來念大學。我要進大學是從來不須提起的問題，毫無疑問我要進哪所大學他們就會送我去。幼小時，一個堂兄進了耶魯，我該把眼光放高是很自然的事。

我在另一方面也很幸運：父母從不逼迫我。在這一點上，我知道，他們是與眾不同的。我知道有很多華人父母，強迫兒女一天做多少小時的功課，練多少小時的小提琴，準備多少小時的全國會考。媽和爸從來不。事實上，我要是做了爸爸，恐怕不會像他們那麼放任。我夠用功，又好奇而堅持，會貫徹對音樂等的興趣，但我閒散打混的時間也比我認識的大多數華人孩子都多。我比較常打棒球，蓋比較多城堡，看比較多電視，吃比較多垃圾食物，花比較多時間在錄影帶店。

有社會學研究顯示，第二代華裔和日裔美國人小孩傾向於向「下」同化。這是說，與第一代小孩相比，他們的成績較差，對念書比較沒興趣。到第三代，學業表現就跟白人差不多了。這不僅因爲華裔小孩學會了壞習慣，還因爲他們看出別的事情比較重要。

我是在學校形成自我意識的——因爲聰明、成績好。但隨著年齡漸長，也

懂得關心別人，想辦法不讓自己看起來像個書呆子。我和夥伴想像自己是「野人」，對老師說些無聊話，在班上做即興表演，放學以後又去做些傻事，像做噴火器、在濕漉漉的鄉道上賽車等。

另一種方法是找出與我一樣的書呆子。我找到了。她是個印度人，比較不同化，說話帶口音。她很頑固，不交際、沒有幽默感，顯然沒朋友。每一次考試，她都接近最高分，但是，嗯，「她不會別的，沒有文化素養，就會背書。」懷著嫉妒與不安全感，我們嘲弄她（在背後，不過當著她的面我們也不很友善）。說起來丟人。我可以想像若在別的學校，被嘲弄的可能就是我。可以想像，其實在我自己的同學眼中，她和我根本沒差別，都是亞裔書呆子。

我在學校裡還學到什麼？我學會，或至少開始看出，英才教育有其缺陷。我明白了這世界對某種文化的人有利，對別種的不利——不是說像高中畢業會考這種標準式的考試，而是會考之外的東西。十年級的暑假，我和兩個朋友（都是猶太人）去上波士頓城外的一所私立補校，菲利普斯．安多佛學校 (Phillips Andover Academy)。八週的課程頗具啓發性。學業上的要求是大學程度，遠超過我平常的標準。同學們對學問的興趣與追求強烈得驚人。但更重要

的是，這是我第一次遇見出身世家的年輕白人基督徒，以及與這些世家子弟一樣受到家人全力栽培的猶太人、亞裔人及黑人。

第一個星期我過得很慘。周圍的環境很陌生。之後我與同樣水土不服的一群人混在一起：一個空軍子弟、一個山凹裡來的小子、一個比利時人、一個日本人和一個布魯克林區來的。我們一拍即合。有了這群朋友作保障，我再向外探索這成績不能解釋的奇異領域。安多佛學校的風味是盎格魯式的：磚造建築以「五月花」名之，整整齊齊成四邊形。但氣氛現在不大一樣了。同學們，猶太人或非猶太人，似乎都早就彼此認識。置身其間，我覺得像是探訪未來，像是置身我自己的子女或他們的子女群中，他們已經不再計算第幾代，不再需要艱苦打拚。

秋天我重返高中，覺得教室課程沒有意義。

* * *

有一段時間，不過是幾十年前，每個白人基督徒和每個黑人都知道猶太人是另一種人，第三種人。在那時候，猶太人正在轉變：一部分被接受，一部分

被排斥；半進半出。之後戰爭爆發，之後郊區興起，五〇年代，跟著六〇年代。發生了奇怪的事：猶太人變成白人了。今天，許多亞裔美國人似乎處於同樣的情況。有些人會拍著我的背告訴我，亞裔人已經從少數民族地位「畢業」了。

這概念很奇怪，「畢業」。暗示著，少數民族地位是美國人的初級地位；也暗示著，現在不需要有白皮膚，就可以變成白人，只要你「不抗辯、不抱怨、不申訴」。這當中包含一個構想：人分兩種，白人（掌權、自足）與少數民族（反抗、倚賴）。問題是，亞裔美國人，所謂的少數民族典範，並不符合少數民族的模子。

以企業進用新人與大學錄取新生採用族裔分配制來說。在分類法上，亞裔美國人處於「民族」與「種族」之間的不穩定位置。在某些方面，他們被視同舊歐洲移民，與「其他」白人族裔同樣方式算入主流之內。但在別的方面，他們又是迥異的一個種族，屬於非白人。保守份子在抨擊族裔分配制時，喜歡挑出用功守規矩的亞裔移民爲例，說他們是族裔「配額」制的眞正受害人。自由派則把亞裔人計入「有色人種」之列。兩種用法我都覺得不對。

亞裔美國人需要憑族裔分配制才能入大學嗎？那要看你所謂「亞裔美國人」指的是什麼，「族裔分配制」又是怎樣。有很多受過良好教育的第二代亞裔美國人，如我，符合耶魯或柏克萊的數字標準（或稱「純粹積分」）。依此觀之，你可以說族裔分配制對亞裔人不利，因爲其他族裔分數不夠也占了缺（包括許多白人校友之子女）。

但是很多主張採「純粹積分制」的亞裔美國人發現，在耶魯與柏克萊之外的世界，事情不是這樣。史丹利・凱普蘭(Stanley Kaplan)沒有教你如何打破玻璃天花板，或爭得同工同酬。族裔分配制應用在進用與訓練新人上，可以彌補「靠關係」的缺失。另一方面，也有很多新到的亞裔美國人，處境較差，生活艱困，容易走上犯罪與貧窮之路，受高等教育在他們看來像一個遙遠的夢，工作場合則充滿敵意。這些被忽視但愈來愈多的亞裔美國人，可能覺得公司與大學爭辯什麼族裔分配制實在沒什麼道理。

這爭辯，就某方面而言，也確實沒什麼道理。全國立法機構與法庭普遍接受右翼觀點，無視於種族膚色之分。左翼則悲歎或甚至否認這情況。我倒寧願把它當成一個機會：提醒要求絕對無視膚色之別的人，他們的想法難以落實；

我們應重新開始，多花工夫在年輕弱勢者身上，努力使機會平等。這工作還是必要的，因爲雖然實行族裔分配制多年，少數民族的典範還是僅存於美國人的想像。

* * *

我與德修維茲(Alan Dershowitz)隔一張堆滿東西的書桌而坐。他在談「以猶太方式思考」，以及「身爲猶太人」他怎樣在律師這行裡居優勢，因爲他有偉大的猶太辯論傳統。他不是我想像中卡通式的人物——遠遠不是。他敏感、有魅力、誠懇。「我像你這年紀時，也像你，」他說：「對於身爲猶太人這件事不大在意。」但我知道，他在我這年紀時，暑期向每一個白人基督徒所開的律師事務所申請臨時工，都被拒絕——雖然他是哈佛法學評論雜誌主編，且即將出任最高法院助理職務。我有什麼藉口呢？我爲什麼不願與自己的傳統扯上關係？

在美國各方言中，我遍尋一個源自中國的字，與chutzpah這個猶太字同樣重要，而不得。這個字裡包含一種態度，一種比較溫和隱性的刻板印象，簡約

說明猶太人的大成功。不錯，在某些情況下，還是不應該表現得「太猶太」，但一個社會裡，每個人都知道並且重視「猶太成就」，這社會已很猶太。

相反地，最被廣泛注意或誤解的，中國文化的面向，是「面子」：保住面子，失面子。面子，實際上正是chutzpah的反面，是要把事情撫平，避免衝突，不據理力爭。這種微妙的藝術，會是攙入美國個性中的中國成分嗎？《應用行爲科學雜誌》(*Journal of Applied Behavioral Science*) 中有一篇研究報告指出，亞洲式的「印象管理」給白人錯誤的印象，以爲亞裔員工不適合擔任領導角色。如果你私下詢問第一代華裔美國人，他們會告訴你，華人如果當了主管，會像猶太人一樣，厲害。

我想到我母親。我告訴她德修維茲所說的話時，她吐露第一代普遍的疑懼：「他不該說這麼多。」但是我母親也同樣相信華人應該有話即說，尤其在競選捐款醜聞暗藏反亞意味的時候。母親很勇敢：她會在任何集會中站起來表示意見，全華人或非華人的集會皆如此。

我想到福山(J. D. Hokoyama)，住在洛杉磯的第三代日裔美國人，他創立亞太領袖養成計畫(Leadership Education for Asian Pacifics)，所做的事之一是教

育公司主管，不要以爲亞裔員工不說話就是沒意見。另方面教導亞裔員工堅決果敢，把話說出來。

我想到我太太認識的一個越南醫科學生。她來美二十三年了，還是什麼事都要問別人：問住院醫師、問主治醫師，問和她一樣的三年級生。她問醫學、問天氣、問新聞，什麼都問。問的時候不分對象、不知畏懼，甚至問得很蠢。我不得不想，這是天性還是養成的？

我想到我，極力想證明亞裔人並不懦弱的我。我用力過度。在受軍官訓練時，一次，排長把我叫到一邊。「我注意到，」他說：「你喊口令時聲音放得比較沉。」我眨眨眼，不知道自己有此習慣。「不必這樣，」他說：「照正常說話就可以了。」

* * *

遲至一九七四年，一位主要猶太評論家還歎息道，猶太人太少出馬競選公職，因爲他們有「貧民區心態」，「自我期望不夠高而且怕受傷害」。但就在那年，高德伯(J. J.Goldberg)在其著作《猶太力量》(*Jewish Power*)中宣告，新的

時代已經來到。水門事件之後，一九七四年選出的眾議員，猶太人數幾乎增加一倍。自那時起，國會中的猶太比例一直在百分之八到十之間。今天再無人指猶太人在政治上膽小羞怯。

亞裔美國人的情況則大不相同。一九七六到一九九六年之間，加州的亞裔人口增加三倍，已超過四百萬人——全州的學校、勞動力和住宅區都爲之改變。在同一時期，亞裔在加州的議會代表增加一倍——從一個州議員變成兩個。現在全美國有將近一千萬亞裔，參眾兩院卻總共只有五位亞裔議員。

這些年來，很多人提出各種理論來解釋這種權力鴻溝。大部分歸結到「貧民區心態」和「自我期望不夠高而且怕受傷害」。在我看來，人口成分是要素：亞裔人畢竟主要是移民——三分之二是國外出生。我認爲時間和涵化會縮短這差距。加州大學洛杉磯分校的亞裔美國人研究中心主任唐·仲西(Don Nakanishi)便報告說，一九九六年亞裔參與政治的人數空前，參與的方式包括出馬競選、擔任職員、投票，以及，捐款。

到目前爲止，結果如何?好譏刺者會嘲笑亞裔美國人，本來一文不值，現在升格成爲小卒。這意思是說，他們從完全與政治無關，提升到略有一點點價

值。在以前的選舉中，他們的用處在於爲兩黨提供經費。現在他們的錢和動機都受到懷疑，他們又有了新的用途——作爲不法勾當的同義詞，毛病百出的競選募款法的代稱。

不過好譏刺者的說法只對了一部分——陰面，而非相對的陽面。如果說黃建南代表亞裔美國人政治野心的陰暗面，駱家輝(Gary Locke)就代表較樂觀的一面。駱家輝於一九九六年當選爲華盛頓州州長，是美國第一個當選州長的華裔，夏威夷州以外第一個當選州長的亞裔。他在西雅圖國民住宅區長大，自小在他父親的蔬果店幫忙，靠獎學金進了耶魯讀書。念完法學研究所，他擔任公職。他現在上班的州議會，距離他祖父當年當家僕時的住處僅一哩遠。

像駱家輝這種美國土生土長的人出人頭地，重燃亞裔美國人的希望，也提出族裔政治的大問題：亞裔應該凝結票源嗎？整個「族群」在很多方面都不一致——階級、族裔、語言、思想。但共和黨在移民政策上採強硬態度，使得許多亞裔出面投票（而且偏向民主黨）。

亞裔美國從政者，如果說對自己人有義務的話，是什麼呢？應該多推動有關「亞裔」的議題嗎？應該幫忙建立亞裔組織嗎？照高德伯的說法，有些猶太

從政者並不標榜猶太立場，有的則「很猶太」。亞裔從政者如果表現得「很亞裔」，在政壇還站得住腳嗎？

愈來愈站得住。目前全國政壇只有幾個亞裔人物，像駱家輝，以及長期擔任加州選出的聯邦眾議員羅伯特·松井(Robert Matsui)。但向政壇求發展的亞裔領袖漸增，他們每個人——以及我們每個人——漸漸會有更多自由在政壇活動，比較多自由爲其族群發言，或照他自己的信念發言，或兩者兼有。

* * *

李曼(Nicholas Lemann)在其論文〈次位的猶太〉(*Jews In Second Place*)中寫到猶太人愛數人頭的毛病。他在看兒子打曲棍球，回想起猶太書呆子不做任何激烈運動的往日。他細數冰上有幾個「寇恩」、幾個「李維」（譯按：Cohen、Levy都是猶太姓）。他們的姓都繡在球衣背後。他也體認到，亞裔已取代猶太人，成爲英才教育的頂尖學生。

數族裔人頭，是難以抗拒的有趣事情。有多少姓氏屬於我族？是誰在這裡代表我？那一個是我的？當然，對猶太人而言，點數人頭讓人開心的不在曲棍

球員數，而在國會議員數、富比士四百大富豪數、媒體掌控數、電影界名人數，以及大學校長數。

你若得知猶太人僅占全國百分之二人口，可能會很驚訝：這數字好像太低。你若知道亞裔倒占了百分之四，可能也會驚訝：這數字，相對而言，好像太高。

也許我們天生就愛分類計數。但以當代血統、基因及文化交纏如漩渦的情況看來，這分天性快要沒有用處了。今天，姓氏代表什麼呢？「金」這個姓到底表示什麼？「魯賓」又有什麼意義？看到「李」(Lee)這個姓，能讓你確定關於這人的什麼嗎？〔我建議你看電視節目「歡樂單身派對」(Seinfeld)，有一集講傑瑞想像著一個叫唐娜．張的女人長什麼樣，後來方知她原來是叫唐娜．張斯坦(Donna Changstein)，住在長島。〕

別的人也在數人頭、看姓氏，這一點值得記住。布坎南(Pat Buchanan)就在煽動性的演說中，故意拉長音調，很不屑地念猶太名字「露—絲．貝—德．金斯伯—格」。裴洛(Ross Perot)在掃瞄一份民主黨亞裔美國人捐款者名單時也抱怨說：「到目前爲止還沒看到一個美國姓。」

記得報導說崔亞琳（Charlie Trie）和鍾育瀚曾進入白宮三十六次，或五十八次，或一千零一次，之類的。聽起來好像很多。但覺得多的原因是你從來沒聽說其他人進白宮的次數。你也從來沒聽說亞裔美國人曾經被祕密勤務人員禁止入內，以爲他們是外國人。

在今日的亞裔美國人看來，計數姓氏表示他們仍顯得特別。但是記住：是注意的人覺得特別。曾經一度，猶太名字顯得醒目，小寇恩和小李維會被趕出冰球場。時代變了。猶太人仍祕密在計算人數，因爲他們記得別人曾怎樣懷著惡意計算他們的人數。但猶太人在權力體制中超出比例的人數已不再顯得突出，更不會引起警惕。大家已把他們的姓氏列入美國姓氏，與其他最道地的美國姓氏等同對待。

* * *

猶太人同化了，我們知道：變成美國人了。但美國也同化了：變得猶太了。你可以寫一本書談猶太人對美國文化與社會的影響，但寫成之後，你會發現所寫的不過是關於二十世紀的美國。

從英國來的一位小說家演講「偉大的猶太人」——貝婁(Bellow)、馬拉末(Malamud)、羅斯(Roth)等——說他們陳述了本世紀中的美國內部生活。首倡「熔爐」一詞的是猶太劇作家曾格沃(Israel Zangwill)。作家蓋布勒(Neal Gabler)則說，什麼是好萊塢？不就是猶太人對眞實的美國太不滿意，而創造出來的理想美國嗎？現在看電視或聽收音機，或在公車上聽人談話，都可聽出，猶太人給了我們另一種聲音。什麼，你要我舉例？猶太人改變了美國人問話的方式。猶太人改變了我們的食物、我們的形象、我們的語言、我們的幽默、我們的法律、我們的文學。

亞裔人，到目前爲止，改變了我們的食物。

我說得太保守了，對。美國文化在某些方面是很亞洲化的，我們甚至已經習以爲常，不去多想。風水、瑜珈、任天堂。但有個區別：這些，主要是從亞洲直接引進的，並不是亞裔移民生活的傳承。這些是文化的模仿，用形象、文字、電視、電腦傳播，不需要透過人來傳遞。

期望亞裔人以猶太人同樣的方式，影響美國生活到同樣的程度，可能是不公平的。一個原因是同化的速度愈來愈快。我們雖聽到很多關於「分崩離析」

的說法，其實今天同化比以前都容易。從一九六〇年代以來，新到者——至少受過教育的新到者——在社會上遭到的阻礙漸漸減少，不需要聚居在貧民區裡。他們沒有因爲別人的排斥，而必須維護傳統，靠傳統滋養。他們有比較多的自由採取別種生活方式，或創造自己的方式。

說不公平的另一個原因，是亞裔根本不是一個民族。「亞裔」只是一張標籤。就促成文化與社會的改變而言，猶太人是獨樹一幟的。「新猶太人」只證明了這一點。

* * *

每當我看到有文章談到威斯康辛州的蒙人(Hmong)與布魯克林區的哈昔丁人(Hasidim)怎樣抗拒現代化，堅持過隱居生活時，我便想這是不是在看訃聞。每個陣營中都有文化保守份子，在往昔的保護之下過日子。最激進的人通常是最成功的，但其成功乃耗盡心力，艱苦得來。他們也許到頭來撐不住，也許終於薄弱下來。

「薄弱下來，」這當然是「杯中水半空」的消極看法。「豐富起來」才是

「杯中水半滿」的積極看法。我想到曾參加過的很多猶太婚禮，其中只有一對是雙方皆爲猶太人。至於其他的新人，也只好持「半滿」的觀點了。

問問我的猶太祖母（好嘛，是我的岳祖母）好了。海倫·高德·海曼(Helen Gold Haymon)出生於安克拉治，父親是移民美國的立陶宛猶太人。母親死於一九一八年流行性感冒人流行，父親便把她送到紐奧爾良一所猶太孤兒院去。她在路易斯安那長大，嫁給一個貝登路吉(Baton Rouge)來的非猶太人，生養了五個孩子，長子即我的岳父，我在耶魯遇見、七年後迎娶的那個女孩的爹。凱若的曾祖父，或我的曾祖父，大概會覺得這故事不可思議。但這情況並非例外：這就是我要說的。

假日裡，海倫努力教導子女猶太歷史及猶太特性。但現在所餘不多——幾段經文、幾個希伯來字而已。凱若和我都很可能把這些殘跡丟棄。不過，我有種感覺，我們會把它保存下來，把它織進我們自己的織錦中，把知識傳給子女，讓他們去選擇要不要持續。我們的子女，別人會怎麼稱呼呢？新猶太人？也許。新美國人？那是一定的。

7

血誓

容我解釋我爲何娶了一個白種女人。

我並非早有計畫。我並沒有要證明什麼或突破傳統。

只不過是我遇到誰，誰答理我。

凱若爲什麼嫁給一個華人？不同種族的人究竟爲何要通婚？

與他們上同樣的學校、住在同一地區、結伴旅行、並肩工作是同樣的原因：

因爲他們可以這麼做。

1

到頭來我們沒有在婚禮中加入中國儀式。我們曾考慮唸一段中文賀詞，或請奶奶教給我們一些中國古禮，作爲象徵：拜高堂？燃香？貼符？遠從台灣來的奶奶說，這些儀式現在都不時興了。我們問母親：她要不要自己寫一篇稿子，站到講壇上唸？她想了一會兒。「我看不要，」她答道：「太造作了。」她沒有諷刺的意思，只是陳述事實。

婚禮在一座深色木造教堂裡舉行，教堂裡有銀色的管風琴，整個過程都以英語進行：唱詩、證詞、經文及女高音獻唱。四叔在奶奶耳邊翻譯給她聽。她緩緩點頭。

凱若和我自己寫誓詞。計有七條，莊嚴而簡明。第五條誓約聲明我們要「維繫所承繼的傳統」。我們說得很清楚。但當天所作的所有盟誓中，只有這條是個挑戰：它是緊急的提醒，是祈願。

2

一個清冷的秋天早晨，我坐在起居室中破舊的搖椅上。面對我的書架上有一本書，我已看到它不知多少次了。但多年來這是我第一次把它抽出來，打開。這是一本大學用書：《標準中文第三冊：中級讀本》，作者是黃伯飛(Parker Po-fei Huang)與史丁生(Hugh Stimson)。書上沒畫線，沒用過。我隨手翻，翻到一首詩：李白(701-762)的「靜夜思」。

詩用中文與羅馬拼音並列：

床前明月光　chǘang qían míng yǜe guāng
疑是地上霜　yí shì dì shàng shuāng
舉頭望明月　jǔ tóu wàng míng yǜe
低頭思故鄉　dī tóu sī gǜ xiāng

下面有語言學家的翻譯：

床∨前：明∨月∨光
疑 是 地∨上∨霜
舉 頭＋望 明∨月
低 頭＋思 故∨鄉

接著是進一步解釋：

「A∨B」表示A修飾B
「A：B」表示A是主題，B是評論
「A B」表示A是動詞，B是受詞
「A＋B」表示A和／或B

這種技術分解無視於原詩的韻律與藝術，但可能比精巧的翻譯更能呈現其中國特質，因爲它傳達了中文的簡潔和未言明的密度。

3

我大聲讀第一句：床前明月光。我的聲音嚇了自己一跳，窗台上一隻鳥也嚇飛了。我清清喉嚨，直覺地知道該怎麼調整聲音，才唸得出抑揚頓挫。我練習下一行：疑是地上霜。呼吸時，我有一種感覺：我唸過這首詩，它的平仄聽起來好熟悉。我想起來了。不看課本，我唸下去：舉頭望明月，低頭思故鄉。

我低下頭，思家。

再抬起頭，我明白：我認識這些字。很久以前，我小的時候，我會講這種話。

我才學步，剛滿一歲時，母親回了台灣一趟。她父親生病。一個月以後她回來，頭髮剪短了，我不認得她了。我把她當陌生人看待，媽也沒有生氣，只管做她的事：跟爸爸說話、打開行李。過幾個小時，我想起這位女士是誰了。我搖搖晃晃走向她，眉頭起皺，歡呼大笑著，把一張捏縐的紙丟向她。她一把

抱起我，摟得緊緊地。

我結婚前幾個月，媽、凱若和我到貝登路吉去，參加一連串慶祝會。婚禮要在新海文(New Haven)的耶魯校園舉行，因此這些慶祝會等於是我們在南方的婚宴。那是四月中，繁花怒放：杜鵑、蕨類、梔子。以前我到過貝登路吉兩次，但媽是第一次來。

當然，媽已經與凱若的雙親，艾娃與柯德很熟。他們見過幾次，處得很好。她到貝登路吉以後，所見到的每一個人——鄰居、朋友、親戚——都對她很好。他們熱誠歡迎她。媽是爽快討喜的人，也報以相同的熱情。每個人都很開心，我似乎沒有理由擔心她是否快樂，是否與大家融洽。但她抵達幾小時後，我確實開始擔心。

一些思緒襲來，是我未曾預期，也無法測度的非理性浪潮。不只一次，我幾乎淚下。我忽然覺得好寂寞、好迷失、好罪過。就好像媽與我同在一艘小艇上，我直向大海划去。每個人都喊她茱莉亞，茱—莉亞。聽起來古怪。不是因為路易斯安那口音，而是因爲這稱呼。我悟到我已很習慣直呼艾娃與柯德的名字。我總是從眼角餘光查看媽有沒有被冷落。她沒有，但是她也不是完全輕鬆

自在。她是在扮演客人的角色。那晚在她房間，我想要引她開懷。「欸，媽！」我開口，還揉了個紙團丟向她。但她不跟我玩這套。「去吧，」她用中文輕聲說：「不要對主人失禮。」我看見她的箱子收拾得整整齊齊，心中一酸。

次晚是第一場宴會，幾家世交湊菜辦的席。到場的大約有五、六十人，都是從小看著凱若長大的，顯然都很喜歡她，這分熱情也感染了媽和我。院子裡擺了野餐桌、飾帶與氣球，冷藏箱裡滿是飲料。傍晚的空氣很宜人。雖在室外，談話聲仍很高。有人放了一張本州法裔居民的音樂CD，手風琴和小提琴加上顫抖的法語合唱。我離開談話的一圈人，去尋找母親。天井傳來興奮的輕呼，有人在鼓掌。我看到她了：她在學跳兩步舞，隨著教她的人轉圈，眼睛發亮，嘴愉快地張開。很快，別人也跳起來了。我走過去，站在柯德旁邊，他正趕快吃完盤子裡的東西，好去加入。我舒了一口氣，好像是多日來的第一次。

「老天，」柯德笑著說：「她眞是身輕如燕。」

4

我想到一個朋友，中國雙親不肯參加她的婚禮，因爲她嫁了一個黑人。另

外一個朋友，與男友分手的原因是中國父母不讓她與白人男友訂婚。又一對中國父母，雖然勉強同意女兒嫁給白人，婚禮上卻板著臉。我看過很多這樣的父母，因此奇怪：爲什麼我沒有遭遇類似困難？

其實，父親是希望我娶個華人女孩的。他對母親說過一次。媽最近才告訴我，我聽了有一點驚訝。看來我不知道他有如此的種族驕傲。還有什麼我不知道的事？我結婚時，父親過世已快五年了，因此很難想像如果他健在，會怎麼跟我談這事。

他不會阻止我，我很確定。他很可能根本不提起他的失望（但這並不表示我不會感覺到他的失望）。我相信他會很喜歡凱若，會像媽媽一樣，早就發現她是多好的一個人。我認爲他與柯德也會一見如故，他們倆都是多看少吹的人。但我不能確定，我已無從想像。

如果父親還活著，一切都會不一樣。我不知道今天我會是怎樣的人。我只知道他不在了，我的悲痛改變了我。當凱若和我好起來時，媽替我高興，這讓我大感寬慰。媽從來不相信種族純粹論。她比較浪漫，是年輕時讀屠格涅夫及哈代的小說養成的態度。她認爲最重要的是凱若和我眞心相愛。這便是媽的天

性：開放、融合東西方、向外尋求連結。

但母親知道她的寬容——我的自由——需要付出代價。她擔心有一天，我的孩子不會講她的母語，或我遷到別處去定居，我如她所說被「呑沒到美國社會裡去」，她和我會日益疏遠。當然，我不認爲這樣的事會發生。我不會讓這樣的事發生。我們很少兩天沒說上話。我知道有時候她打電話來，聽到是答錄機，便不留言。她不想打擾我們。

5

容我解釋我爲何娶了一個白種女人。

我並非早有計畫。我並沒有要證明什麼或突破傳統。只不過是我遇到誰，誰答理我。凱若爲什麼嫁給一個華人？不同種族的人究竟爲何要通婚？與他們上同樣的學校、住在同一地區、結伴旅行、並肩工作是同樣的原因：因爲他們可以這麼做。

我一生遇到的女子，大都是白人。吸引我的，絕大多數（但非全部）也都是白人。這表示什麼呢？這「應該」表示什麼嗎？是機緣，還是看不見的力量

所致？

吸引力不說，我從未有意識地將亞裔或任何階級的女子排除在交往圈之外。不過話說回來，吸引力並不屬於意識、理性的心靈範圍。

有個理論是，我受到主流文化的訊息影響：雜誌封面、海報、電視上巧笑嫣然的臉。有個理論是，我被洗腦了，以爲白人的美是唯一的眞美，因此一意去追尋。有個理論是，我一輩子都在抗拒亞裔男性柔弱的刻板印象，因此需要一個白人妻子來扭正這印象。

我不否認文化以許多看不見的方式影響我。我習慣沖淡種族差異，這是否影響我對女性魅力的判斷呢？我不排除這可能性。但我還是不相信自己只是受制於潛意識中的恐懼。

我作抉擇。我決定與凱若深入交往。不是跟一個「白女人」，不是跟一個沒有名字的「白種美人」典範，而是與凱若·海曼。我講上半句，她就能接完下半句；她知道什麼時候能開我玩笑，什麼時候不能；她是南方人，在北方念書，因此對文化的薪傳不陌生；她看書的時候頭垂下去的角度剛剛好；她的女低音歌聲動人無比；她瞧不起陳規陋俗；她能夠讓完全陌生的人完全放輕鬆。

沒有人——也沒有人下意識地——誘騙我愛上她。

今天，異族通婚日漸增多，但仍不普遍，很容易把每一對通婚的夫妻都拿來做文章：性別政治、各種膚色的相對價值、其中一方的隱藏性不安全感，等等。有些人就是不相信愛情不那麼膚淺，懷疑愛情只是託辭。有些人就是認爲凡事都有祕密的動機。

對，有時候對別人的愛是自厭的另一種表現。有時候婚姻是最高形式的自我否定。但有時候，套用佛洛依德的話，婚姻就只是婚姻。

6

「是什麼讓我像墨西哥人？」史塔文斯(Ilan Stavans)在所著《西裔情況》(*The Hispanic Condition*)中問道：「很難說。也許是語言和我呼吸的空氣。」

我妻和我母都認爲我有很強的中國風味，在我的骨子裡。凱若舉出以下各點爲證據：我不大向人訴說；我不喜歡有客來家；我擔心外表；我對家人忠誠；我是盡責的長子；我勤奮工作；在小事情上我抗拒改變；我認爲中國菜最好吃。媽則在別的地方看出我的中國風味：我尊敬中國文化；我追求均衡發

展；我肯負責任、盡義務。

我不知道。也許凱若看到的我其實是我媽，而我媽看到的是我爸。我很願同意我像我的父母，但這只是把我的疑問往前推了一代：他倆的哪一部分是中國的，哪一部分是他們自己？

就某個層次而言，「中國特質」是我家庭生活的全部記憶。是我父親夜裡爬上樓梯時的竹拖鞋聲，是我聽不太懂的祖父母談話的韻律，是我完全看不懂的彩色中文報紙，是蔥與薑在燻黑鍋子裡的爆炒氣味，是每年聖誕節我會收到的裝著嶄新十元鈔票的紅包。

除此之外，我就想不出中國特質指的是什麼了。我呼吸的空氣？我試著想像我的兒女將來會有什麼樣的家庭生活回憶。中秋節的月餅，過年吃的年糕，節慶時的紅包。對，這些我應該保留。

但光是習俗就夠了嗎？習俗只是象徵，其與文化之不同，有如蒸汽與水之有別。我們也需要語言，語言是核心。因爲正是在語言的聲音裡，在發音法和捲舌中，蘊藏著思考的模式，這才是我所謂「中國特質」的幽靈眞正附身之處——如果它能附身的話。

我的情況是：我與母親聊天時，她的語言八成是中文，我的則只有一成。但我的九成英語也不是標準英語，是中文動詞和英文連接詞，或反之。或是媽媽開玩笑，把美式句子扭曲成別的意思。例如：「怎麼會(How come)?」的回答是：「就會(Just come)。」又如現在我倆打招呼時總是說：「Hi, dots!」這是媽把「Hey, dudes!」改成的。（編按：dudes是與人打招呼的俚稱，如「你這傢伙！」dots是錯誤發音的dudes。）我們講話像小孩子，有自己的行話語法。我們哪種話好用就講哪種話。我知道的中文太少，像一個粗心大意的保管人，把東西都丟失了。我將以何種混雜的語言留傳給下一代呢？

每年我都答應母親並下定決心要補習中文。立志的時候總以爲自己一定可以撥出幾個月的空，以爲只要一溫習，萬事都會ＯＫ：磨損的地方可以修復，欠缺的地方可以補足，我可以把這語文教給兒女。可是到底怎麼做呢？凱若和我每天在廚房裡所講的無非英文，而母親和我所講的又不是純粹的中文，我的孩子怎麼可能學會中文呢？

一天晚飯後，凱若說，等時候到了，她要我們的孩子去上中文學校。我半晌不語，心想：這話是該我說的。

7

我們有個朋友，有個典型的德國名字，叫奔特·施密特(Berndt Schmidt)。他在中西部長大，念明尼蘇達大學。他身高六呎有餘，褐色的髮。現在當了醫生，施密特醫生。他幼年時到中國去住了幾個月，學會了一些國語，學會一些山歌村曲，會玩中國遊戲，會做雜務。他住在一個中國家庭裡。事實上，這家庭的母親就是他的姨母。

不久以前，奔特與他的妻朱麗來我家晚餐，並看一些照片。凱若和我先給他看幾捲我們在中國度蜜月的照片：天安門廣場、長城、長江遊輪、三峽、上海灘。接著奔特給我們看一盒老照片，是他當年在中國度暑時所拍：老人下圍棋、他的姨母在市場、孩子們在院子裡跑，其中一個孩子就是他。

奔特已不會講中文。他這些年來沒再回中國。看他的長相，你可能不會注意到他的眼睛略呈杏子形，他的頭髮硬直如鐵絲。一般人不會認爲他是華人，說他是白人沒有什麼不可以。但我敢說，半個華人的他，不比全個華人的我對中國的興趣低。這讓我覺得……什麼？我把太多事都視爲理所當然了。

我想知道：誰是華裔美國人？誰是亞裔美國人？一度這是個很明確的問題。但一九九〇年的人口普查——現在聽起來過時已久——卻透露爲何這問題愈來愈問不得：二十五歲到三十四歲之間的亞裔美國人，百分之五十的男性娶非亞裔，百分之五十五的女性嫁非亞裔。在二十五歲以下的亞裔美國人中，則是百分之五十四的男性和百分之六十六的女性有異族婚姻。

當下一代多半是混血兒時，「亞裔美國人」指的是什麼呢？是否屬於此族裔，要憑血統還是憑文化傳承認定？或者是憑各人自願，變成一種選擇？或者像美國黑人，只要一點黑就算黑，只要有一個亞洲祖先就算亞裔？誰能稱得上白人——誰又想要做白人？

在我去訪問的一所高中，一個華裔／愛爾蘭裔的男孩抱怨說，亞裔美國學生的活動沒讓他參加。在另一所高中，一個黑人／日裔女孩是亞裔學生會會長。事無定規，亦無法預料。

亞裔美國人這身分是脆弱的創造物，有可能會因通婚而消失，就像很多猶太人擔心會發生在他們族群的情況一樣。但也有可能亞裔身分會在下一代身上加強。有時候，混血兒反而更堅持有色族群的身分。同時，亞裔各族之間的通

婚——印度人、菲律賓人、韓國人以及其他亞裔的通婚——也在大幅攀升。舊的藩籬可能移動。會移至何處，或還會不會存在，是無法預期的。

舉兩個美國人爲例：一個精通韓文，愛看吳宇森電影，勤練瑜珈治療術，篤信道教；另一個，對以上諸事一無所知。誰更亞洲？是否「眞的是」（基因上）亞裔重要嗎？文化已脫離種族的繫繩，外形不再是特權知識的可靠指標。無可預測。

加州大學洛杉磯分校亞裔美國研究中心出版的《美亞雜誌》(*Amerasia Journal*)，有一篇文章描述洛杉磯一所高中的混同族群身分。作者傑夫．吉見(Jeff Yoshimi)訪問了以下青少年：Sean McKean, Nye Liu, Renard Dubois, Lih Russell, Bruce Moore, Midori Nakano,Cindy and Susan Fowler, Courtney Hannah, Tracey Stokes。他們全不清楚自己的族裔。你願意猜猜其中幾人是多種族混血的嗎？你敢根據外表判斷他們誰比誰更亞洲嗎？你又敢說他們誰比較以亞裔自居？「你是什麼人？」訪問者問這些學生。你無法預測。

我是老虎．伍茲。每個人都知道老虎是多種族混血，但你不見得知道他的血統中亞裔的成分最多。他父親是半個非裔美國人，四分之一美國土著，四分

之一華裔；他母親是半個泰國人，四分之一華人，四分之一白人。「老虎熱潮」初興起時，我以爲體育界會以「黑人的希望」來推銷他。有一陣子確是如此。但接著，媒體機器換了檔。他們想通了：他是美國混同未來的面貌。「我是老虎．伍茲，」耐吉、班尼頓和卡文克萊的廣告明星現在都是他。誰知道下個世紀的人會怎樣行銷膚色？你無法預料。

我屬於轉型期的一代，這一代還會爲一個叫施密特的半華人感動，驚異他知道的中國比我還多。我這一代是能看出「種族正在瓦解」但仍不明其全義的一代。種族崩解成爲複雜。正如克勞奇(Stanley Crouch)一篇佳文所說：「種族過去了。」

不過，要知道種族的過去、衰退，只限於一個特殊意義上：作爲預測之指標。已不再能憑外表判斷——斜眼、厚唇或塌鼻子所象徵的道德或文化上的意義，正一天比一天減弱。雖如此，深植內心的分類意識仍存（你是誰？）。以下事實未變：依膚色分類的世界不是對有色人種公平的世界。

8

「黑人問題，」波多瑞茲一九六三年寫道，不會解決，除非顏色本身消失：「這不是整合的意思，而是同化。這意思是——讓我們把那個討厭的字眼說出來吧——異族通婚。」波多瑞茲先長篇累牘地招認他自己對黑人的嫌厭之情，然後呼籲「這兩個民族全面融合」，在當時全美尚有十九個州禁止黑白通婚的情形下，他的呼籲不僅大膽，而且顯得焦急。政治途徑不行，他承認，現在我們只能從通婚之中尋找希望，雖然通婚的例子看來不會多。

波多瑞茲這篇著名的論文在當時被視爲怪異，今天讀來卻像先知預言。通婚的對偶人數空前。一九七〇年到一九九二年，異族通婚數目增加三倍。基因混雜的情況多到人口統計局考慮在公元兩千年的普查中增列一個「多種族」選項。最後決定採可能還更激進的方式：多項目複選。

民權運動者對此改變反應強烈，他們擔心許多少數族裔會捨棄原屬的族群，使得有色人種政治力量減弱。但這場限定範圍的爭論重點不在誰撿了便宜，而正是在於我們對種族的觀念。賀林傑曾稱黑、白、亞、西班牙、美國土

著五族群爲「族裔五角」(ethnoracial pentagon)，人口統計局的新方式只不過是承認這五角制並非一成不變，亦非絕不可改。

所以你看，種族，是一種虛構，在生物學上沒有意義。各個種族之內的基因相異程度遠超過種族之間的差別，而異族之間的基因類似處則俯拾皆是。然而種族的力量不是來自假科學的特徵，而是來自它所處的社會困境。是「意識形態」給種族力量，其力量之大，足以使生物學家的主張消聲匿跡，就像哥白尼如果生在托勒密(Ptolemy)的時代，勢將不敢宣揚其天體運行論一樣。

只希望混雜族群的出現，有助於消除我們陳腐的種族歧異觀。我全力支持此趨勢，我絕對不想讓我的華族—蘇格蘭—愛爾蘭—猶太混血兒女感染上血統熱。我不會強迫他們選擇不合身的種族制服。不過，話雖如此說，也有理由懷疑僅僅是異族通婚，是否就能「解放種族」。

事實是，種族主義非常能隨環境變化。不管人口分布如何迅速改變，我們似乎總能找到一種方式，趕建成新的顏色區分論。就以「西班牙裔」(Hispanic)這個詞兒來說，自從一九七七年普查表上新增此一選項後，一直有人在說，這只不過是一個字面分類，所謂西班牙裔「可能是任何一個種族」。

今天西裔人口暴增，我們又聽到類似香菸盒上的衛生署警語。成分駁雜的西裔，在大眾心目中漸漸被視爲另一個單一族群。

混血後代是否也將面臨此處境？他們被視爲一個族群，前提正是「超越種族」。而且，他們還不如西裔人有團結的理由：他們有各種各樣的基因組合，並不共有另一種語言。不過，在這個習慣「官定種族」思考方式的國家，混血後代仍然可能被認爲自成一個族群。

也許，經過長時間，多種族者會成爲各族之間的中人。就像舊南非曾有「有色紅人」（coloreds），他們的存在不會動搖種族主義，反而會助長，使之成爲大致以黑白區分的種姓制度。當然啦，多種族者本身既有各種血統組合，應該會阻止這種事情發生。

但也正因有各種血統組合，多種族者有可能依循「愈白愈好」的普遍心態，在他們之中分等級。於是，有白人血統的小孩就比沒有白人血統的來得社會地位高。這樣的話，多種族者就不會自成一個族群，而分布在各種膚色光譜之間。

也許這樣散射連續的種族分布，比單純的黑白二分要好。舉例說，巴西人

就有許多類型等級，他們覺得我們的種族區分太原始。但不變的事實仍然是，在巴西，白一點還是比較好。女人還是白蘭卡（branca：白膚、薄唇、窄鼻、頭髮沒有小密捲）比摩琳娜（morena：褐膚、較厚的唇、較寬的鼻、波浪型的髮）好，而摩琳娜又比慕拉塔（mulata：黑膚、密捲髮）要好。推翻種族標籤可不像推翻種族歧視那麼簡單。

還有一個可能性，就是白人對待多種族者，可能會像民主黨與共和黨對待第三黨一樣，吸收他們想要的人，而摒棄其餘。很可能，如社會學家華特絲(Mary Waters)所言，白人只是略擴充其範圍，把「膚色較白的」或「文化上較白的」多種族者包含進去。

上述各種可能性，也許聽起來近乎玄想，卻可提醒我們，問題不僅在於抽象的「種族」，而在於大家對「白種人」的看法。只要我們繼續以白人爲社會常態，以「長得像不像白人」來判斷一個人，則人口普查表再怎麼變，也沒有用。

這就又回到政治問題上來。也許我們應該根本廢除種族分類。也許我們需要改以階級爲名額分配的另一種考量。也許我們需要一種全國性機構，來對抗

二度種族隔離制的效應。不管怎樣，我們如果要讓社會擺脫對膚色的敏感，不能只靠通婚。「政治方法，」波多瑞茲歎息道：「是既慢且苦。」說得不錯。但這是唯一持久的方式。我們對「血」的觀念，就像血本身，是流動的、易變的，又太容易被導開，不能僅靠愛侶來重造。

9

最近我常想到華人嬰兒。他們很可愛，可能是最可愛的一種嬰孩（我當然會這麼想）。他們現在也是收養市場上很熱門的項目。中國實行一胎化政策，中國人偏好男孩，美國則無子女的夫婦愈來愈多，又有錢可以領養——這些因素加起來，就使得中國出生、美國領養的案件大幅增加。根據《A．雜誌》，最新的統計數字，約有一萬兩千件，而一九九〇年只有很少的例子。

每當我讀到關於領養亞洲嬰兒的文章，或看到亞洲孩子與白人養父母或養兄弟姊妹歡喜的家居合照，我便覺得一絲悲哀。也許因爲領養這件事本身就帶有可悲的成分，也許因爲我可以想像這被領養的亞洲孩子需要經歷怎樣的看不見的過程，才能適應美國生活。

與過去的一切切斷，像沒有過去似的重生，是怎樣的感覺？養父母有義務讓你多知道你祖國的生活方式嗎？有義務賦予你本來沒有的生活記憶嗎？用生父母同樣的方式，教導你人生的道理嗎？

而你，你又有什麼義務呢？你不只過現有的生活——校車、生日會、攝影機提供的即時記憶——之外，還要過你沒能過的另一種生活？尋找更偉大的意義？有沒有責任與生父母連繫——如果不是責任，有沒有意願？

我會想問白種父母養大的亞洲小孩以上問題。我有時候也問自己同樣的問題。

這麼說太自溺了，我知道。我有過去，我有生父母，我可以接觸自己的歷史，不像養兒。我怎能把自己與養兒相提並論？我不能，我也沒有。我也許略有記憶障礙，但不像養兒完全被蒙在鼓裡。只要我願意，我可以尋回全部記憶。

但如果我不願意呢？想想下一代。想像我決定完全不告訴兒女關於華人親屬的事。我不會這麼做，但是想像當他們渴求文化傳承時，我決定緘默不言，什麼也不給他們。想像我決定不把歷史的重量加在他們身上，雖然是有這歷史

才會有他們。他們仍然能自己找到途徑去認識過去嗎？他們會拋開現在、此刻、明天，而回頭追尋遠方的中國，他們的根嗎？

孩子不是用整塊布裁成的，他們身上綴了別的織物。他們來到這世界，並非全然獨立：有許多責任義務等著他們。但我不認爲能強迫自己的孩子過某種單一的生活；我不相信能要求他們很中國或完全不中國。我會讓他們自己去選擇。但是在他們作抉擇之前，我會培養他們抉擇的能力。他們會知道家族的歷史，祖先是從哪個角落迸出來的，祖先家鄉的人都說怎樣的話、有怎樣的規矩。他們會有機會接觸民族傳統——希望包括我自己丟失了的傳統在內。然後他們去決定。

這聽起來也許像是自由派言論，但其實也非常保守：我想用父母教養我的方式養育兒女。只是剛巧父母養育我是用非常寬容的方式，容我自己去保存、丟棄、結合、創造。我的父母也許不知道這麼做有危險，因爲我可能永不回首。但是我回首，經常回首。我學到他們可能根本沒想到要教我的事：自由，如得到充分滋養，會成長爲忠誠。因此，我也將能傳下一些東西：語言、食物、習俗，以及最重要的，信任。

有一部老舊的家庭電影，用八釐米柯達影片拍的，有些夜晚會在我腦中播映。影片是艾娃和柯德的，有些人可能認爲是「姻緣天注定」的明證。在影片中，凱若大約六歲，頭髮是橘色的小捲子，皮膚白而有光澤，說話口音比現在重。她正在學中文。我不知道艾娃怎麼會想到讓女兒學中文。反正，就算當時凱若學到一點中文，她也很快忘光了。但是，我們都相信，中文是可以學的。一個字一個字，凱若學到了點東西。一格畫面一格畫面，我看到當時情景：教她的是路易斯安那州立大學的一個中國研究生，坐在凱若對面的地板上。她問凱若一個問題——關於牛奶，我猜。用童稚的路易斯安那口音中文，凱若回答了。

10

大學畢業後那個夏天，爸媽教我怎麼炒菜。他們教我做我愛吃的幾道菜，很簡單的美式中國菜，像牛肉炒青花菜、玉米炒豬肉（從不教我超過兩樣材料的菜式）。這樣，等我搬到華盛頓，可以自己做來吃。

我先是旁觀。我看他們做飯看了幾千次，但從沒認眞看。然後我把過程一

一一寫下。鉅細靡遺，像寫科學程式似的：

A.
1. 洗肉，拍乾（半磅牛肉）。
2. 依紋理切成條，肥肉不要。
3. 與紋理垂直切成片（指尖蜷起）。

如此這般，我想要每一步都做對。我要他們說清楚，說仔細，究竟多少醬油、多少太白粉，半匙都不能差，以及用高溫炒多少秒。他們並不確定。「我們這會兒才編給你聽的，我們平常並不去記。」於是他們說了些大略的數字，我照錄下來。最後，筆記完成了，我試著做。媽站在旁邊，穿著圍裙，告訴我什麼時候下蔬菜，什麼時候加水，怎麼使鍋鏟。

體驗「眞實生活」的第一年，也就是我父親在世的最後一年，我做這些菜已很熟練。母親給了我一隻炒菜鍋和一隻煮飯鍋，我自己搜羅了些醬料和作料。我做給室友品嚐。一次母親來訪，我也做給她吃。她覺得不錯。起先我讀食譜如見習僧研習經典，把食譜放在流理台邊，一字不差地照著做。但時日增

長，我熟極而流，不再仰賴原方。我憑記憶，或修改、創新。不過，我總是放太多糖。

婚後大都是凱若掌廚，她也做中式菜，照著食譜做。但偶然，當我們想吃番茄雞或牛肉青花菜時，我便到書房去，在檔案櫃中翻出那些沾了油漬、捲了角的紙片來。我不像以前那樣倚賴這些紙片，找出來主要是使自己重新適應，這樣，在我把廚房燻滿老家氣味之前，可以先回想已經遺忘了的東西。這一點我總該可以做到的。

11

聖靈顯現能令時間停止。

我翻開一本圖繪手稿：《馬其泰德書》(*The Book of Mechtilde*)，是仿聖經〈約伯記〉而做，作者是一個加勒比海出生的年輕藝術家，名叫安娜．露絲．亨瑞克斯(Anna Ruth Henriques)。她費盡苦心作此書，爲的是紀念她母親謝拉．馬其泰德．鍾．亨瑞克斯(Sheila Mechtilde Chong Henriques)。書是她親手製作的，但正如書評家所言，她的手不僅是她的手，也是她華裔外祖母的手；

屬於她父系牙買加西班牙裔猶太人；屬於方濟會修女們，也屬於非洲——大西洋小島清潔的空氣與光線。書的偶數頁是幾行詩文，描述她母親的生與死；奇數頁是非常動人的畫：色彩鮮豔的中軸肖像，周邊金線紡成聖經的一句經文。要讀其經文，必須把書轉來轉去，書軸轉出的經句可以順著唸也可以倒著唸。「知你，而不爲你所知的，是什麼？」「了解你，卻不在我們之中的，是什麼？」

我站在本地書店，望著這本書發呆。我在想：我們當中，有誰是眞正純粹的？

我並不是盲目主張混血。常有人興高采烈地說，血統混合能製造「集各方之長」的後代。但其實當然也可能集各方之短。重要的是各個組件如何拼成整體，爲何要使用不同來源的組件，以及在拼裝的時候是否小心謹愼。

美國生活所製造出來的同化末端產品，會不會只是黏答答的一團？傳統保存論者所擔心的正是這一點。因此，華裔父母不准子女愛上異族人；猶太長老譴責傳統散失；人口統計官員堅持「弄清楚」。但其實，並不是要判定眞實或虛假，不是要釐清純粹血統或代換血統，而是要決定在兩者之間的程度；在無

數種可能的組合中，新誕生的生命屬於那一種合成。

想想誰的話深得你心，誰的品味與你相合，誰的歌你能哼，誰的暗語你能懂，誰的儀式你遵從。是黑人的嗎？西班牙裔的？猶太人的？亞裔的？是路易斯安那州的法裔，還是拉丁與印第安混血的族裔？美國生活的末端產品不會是空白的石板；它是重覆書寫的羊皮紙，一頁復一頁繪著歷史圖像的手稿。美國生活的末端產品既不是單文化也不是多文化，而是全文化、泛文化。

本世紀初有一位墨西哥哲學家，名叫荷西．瓦斯康西羅（José Vasconcelos），他寫了一篇文章：〈廣大的種族〉(*La Raza Cosmica*)，預言說，混同種族的出現，將帶領我們進入人類良知的新階段，開啟和平、美與愛的時代。也許他有點過分樂觀，但我們不需要有他這分信心，便能看出美國的種族是朝著「廣大」的方向走。美國是邊境之國，邊疆的邊疆：我們眞的混同，而其他世人只能想像。

此地所發生的事，當然不是固有的。它是未來。

12

我結婚前夕，母親送凱若和我一本薄相簿。這是她第一次把她家和我父親家的舊照片蒐集起來。曾祖父母嚴肅的面容，用墨水繪製固定在那裡；一個穿西式服裝的俏皮女郎（婆婆），本是黑白照，加塗了顏色；一個穿著制服的神氣老人和他面帶稚氣的兒子——我的父親；一個穿童軍制服的漂亮女學生：我母親。她把我的歷史裝訂成冊了。最後幾頁是空白的。

婚禮當天，艾娃，她是個詩人，送給我們另一份禮物。在那座深色木造、有銀色管風琴的教堂裡，當著所有齊聚的親友面前，她唸了一首祝婚詩，是她特別爲我倆寫的。是一首抒情詩，她唸得極富感情，描述做父母的驕傲：「你的勇敢激發了我們的勇氣。」訴說父母的悲傷：「我們與你如此親密，直到現在。」詩結合神話、魔法與童話故事中的夫婦婚姻之喜，結尾是幾句約誓：

我們放你走，因爲我們有自己的童話故事。
我們不會要你實現我們的野心、

執行我們的復仇、彌補我們的錯誤。
我們的手張開。我們祝福你。
去吧。去編織你自己的故事。

謝辭

本書是與許多人談話的成果。最早是與我的經紀人沙格林(Rafe Sagalyn)，和藍燈書屋的編輯卡普(Jon Karp)。沙格林催促我形成自己的意見，他機智的建言是我所深賴。卡普幫忙構思整本書，並以智慧、技巧和恰到好處的鼓勵，引導我完成全書。我深深感謝他們倆對我的信心。

本書中有些材料取自下述雜誌上的文章：《*Slate*》，《*The Washington Post Magazine*》，《*USA Weekend*》，《*MSNBC Interactive*》。我要謝謝這些刊物的編者，幫助我釐清思路、琢磨文字。

承蒙幾個朋友先讀手稿並提出批評。傑夫(Jeff Yang)是嚴厲的讀者、坦誠的朋友。安傑洛(Angelo Ragaza)的敏銳我親身體會。大衛(David Greenberg)生具大編輯的眼和耳。唐娜(Dana Milbank)提出許多深刻的評論。葛倫(Glenn Loury)具體指出可以如何改善。安妮(Annie Boyer)在關鍵時刻潤飾手稿兼鼓勵

我。艾姅與柯德·海曼提供深思熟慮的建議以及深入的家庭背景。

我的妻子，我的靈魂伴侶，凱若·海曼，每一份草稿的每一頁都閱讀訂正。她知道我要說的是什麼，看出我沒有說得很清楚的地方。她容忍我中夜起身寫作，以及寫作過程中的情緒擺盪。但更重要的是，在還沒想到要寫這本書以前，凱若給我的影響：她開啓了我的心靈，讓我開口說出我的心事。

想到所有形成本書的談話時，最後我總是想到母親，茱莉亞·劉。媽總是誠實告訴我她讀我的文章感覺如何。她總是給我無條件的愛。認識媽的人都知道她擅長提問題，她不設限，她很願意衡估自己。熟知我的人都知道我多麼慶幸生爲她的兒子。

天下文化〈社會人文系列之二〉

書號	書　　名	作者	譯者	定價	備註
GB084	鬧中取靜	王力行		240	
GB085	誰在乎媒體（原名：第四勢力）	張作錦		250	
GB086	中國飛彈之父—錢學森之謎	張純如	張定綺、許耀雲	360	
GB087	全是贏家的學校—借鏡美國教改藍圖	威爾遜、戴維斯	蕭昭君	320	
GB088	一百億國票風暴	刁明芳		320	
GB089	孤獨與追尋—地質學大師許靖華的成長故事	許靖華	唐清蓉	380	
GB090	薪火—佛光山承先啟後的故事	符芝瑛		300	
GB091	寧靜中的風雨—蔣孝勇的真實聲音	王力行、汪士淳		360	
GB092	試為媒體說短長	張作錦		250	
GB093	日本情結—從蔣介石到李登輝	徐宗懋		260	
GB094	田長霖的柏克萊之路—華裔校長的輝煌歲月	劉曉莉		300	
GB095	堤河邑冒險學校—紐西蘭的山野教育	尹萍、韓敦瑋		240	
GB096	刻畫人間—藝術大師朱銘傳	楊孟瑜		360	
GB097	宇宙遊子—柯錫杰：台灣現代攝影第一人	余宜芳		360	
GB098	被遺忘的大屠殺—1937南京浩劫	張純如	蕭富元	360	
GB099	20世紀中國人的山河歲月	中華歷史工作室		2500	
GB100	追隨半世紀—李煥與經國先生	林蔭庭		360	
GB101	回首向來蕭瑟處	孫震		260	
GB102	新台灣人之路—建構一個乾乾淨淨的社會	高希均		300	
GB103	民進黨轉型之痛	郭正亮		340	
GB104	從森林小徑到椰林大道——人本教育的思考與實踐	史英		300	
GB105	許信良的政治世界	夏珍		380	
GB106	交鋒——當代中國三次思想解放實錄	馬立誠、凌志軍		300	
GB107	飆舞—林懷民與雲門傳奇	楊孟瑜		360	
GB108	讓好人出頭—王建煊的從政理念	王建煊		320	（增訂版）
GB109	從憂患中走來—梅可望回憶錄	梅可望		340	
GB110	蘭陽之子游錫堃	林志恆		360	
GB111	個人歷史—全美最有影響力的女報人葛蘭姆（上）	凱瑟琳．葛蘭姆	尹萍	280	
GB112	個人歷史—全美最有影響力的女報人葛蘭姆（下）	凱瑟琳．葛蘭姆	尹萍	300	
GB113	蘇格拉底與孟子的虛擬對話—建構法治理想國	周天瑋		260	
GB114	壯志未酬—王作榮自傳	王作榮		500	
GB115	茱萸的孩子——余光中傳	傅孟麗		320	
GB116	今生相隨——楊惠姍、張　毅與琉璃工房	符芝瑛		360	
GB117	李光耀治國之鑰	韓福光等	張定綺	300	
GB118	忠與過——情治首長汪希苓的起落	汪士淳		360	
GB119	呼喊——當今中國的五種聲音	凌志軍．馬立誠		360	
GB120	惡夜執迷	道格拉斯、歐爾薛克	李宛蓉	350	
GB121	種活藝術的種子——朱銘美學觀	潘煊		280	
GB122	遇見百分百的連戰	陳鳳馨		320	
GB123	吳京教改心	吳京口述、楊蕙菁撰寫		250	
GB124	高腳凳上說故事	吳京口述、楊丹辰撰寫		250	
GB125	許信良的政治世界	夏珍		380	（新版）
GB126	偶然生為亞裔人——一位ABC的成長心路	劉柏川	尹萍	230	

國家圖書館出版品預行編目資料

偶然生為亞裔人／劉柏川(Eric Liu)著；尹萍
譯. --第一版. --臺北市：天下遠見，
1999〔民88〕
面； 公分. --（社會人文；126）
譯自：The accidental Asian
ISBN 957-621-613-3（平裝）

1. 華僑 -美國 2. 移民 - 美國

577.7252 88013470

偶然生為亞裔人

一位ABC的成長心路

作　者／劉柏川（*Eric Liu*）
譯　者／尹萍
系列副主編／林蔭庭
責任編輯／曾文娟
美術編輯／李錦鳳
封面設計／許和捷（特約）
社　長／高希均
發行人暨總編輯／王力行
版權部主任／張慧倩
法律顧問／理律法律事務所陳長文律師、太穎國際法律事務所謝穎青律師
出版者／天下遠見出版股份有限公司
社　址／台北市104松江路93巷1號二樓
讀者服務專線／(02)2662-0012
傳　真／(02)2662-0007；2662-0009
直接郵撥帳號／1326703-6號　天下遠見出版股份有限公司
電腦排版／凱立國際印前印刷股份有限公司
製版廠／凱立國際印前印刷股份有限公司
印刷廠／盈昌印刷有限公司
裝訂廠／台興裝訂廠
登記證／局版台業字第2517號
總經銷／黎銘圖書有限公司　　電　話／(02)2981-8089

出版日期／1999年10月30日第一版第1次印行

定價／230元

ISBN：957-621-613-3
書號：**GB126**

Commonwealth Publishing

天下文化
Commonwealth Publishing Co., Ltd. 出版公司